Zu diesem Buch

Wenn zwei sich das Jawort geben, ist das ein wunderbarer Anlaß für ein großes Fest. Manchmal ist es gar nicht einfach, alle Wünsche unter einen Hut zu bringen – gerade wenn ein Paar Lust auf unkonventionelle Ideen hat. Viele Details wollen überlegt sein – die Anzeigen, die Zeremonie, die Gestaltung des Festtages selbst, Kirche und/oder Standesamt... Wer den schönsten Tag im Leben individuell gestalten möchte, kann sich von alten Hochzeitsbräuchen aus der heimischen Folklore und den Ritualen ferner Kulturen aus aller Welt inspirieren lassen. Dieses Buch stellt poetische, praktische und spirituelle Gestaltungsideen rund um die Heirat vor und ist eine Fundgrube für alle, die ein einfallsreiches Hochzeitsfest feiern wollen.

Der Autor

Konrad Berg, geboren 1962, studierte Deutsch und Englisch für das Lehramt der Sekundarstufe II, interessiert sich für östliche Philosophie und publiziert in diversen Zeitschriften und Zeitungen.

Konrad Berg

Das Jawort geben

Schöne und phantasievolle
Hochzeitsrituale

Rowohlt

Originalausgabe

Veröffentlicht im Rowohlt Taschenbuch Verlag GmbH,
Reinbek bei Hamburg, Mai 1995
Copyright © 1995 by Rowohlt Taschenbuch Verlag GmbH,
Reinbek bei Hamburg
Umschlaggestaltung Barbara Hanke und Nina Rothfos
(Illustration: Britta Lembke)
Satz Sabon und Gill Sans (PostScript QuarkXPress 3.3)
Gesamtherstellung Clausen & Bosse, Leck
Printed in Germany
1090-ISBN 3 499 19787 1

Inhalt

Vorwort

Dieses Buch bietet den Lesern eine Übersicht von schönen Hochzeitsbräuchen, ihren spirituellen Hintergründen und Möglichkeiten heutiger Anwendung. Bildgewalt und Formsprache beherrschen den Verlauf einer Hochzeit. In ihnen steckt ein verborgener Sinn. Mit Hilfe dieses Buches möchten wir der Verhaltensunsicherheit dem Brauchtum gegenüber abhelfen und Ihnen Anregungen bei der Gestaltung einer Hochzeitsfeier geben. In der Liebe und bei der Hochzeit werden wie in kaum einer anderen Situation des Lebens gestalterische Kräfte wach, die alle am Geschehen Beteiligten erfassen. Fast alle kreativen Techniken und Materialien werden in den Dienst dieses Gestaltungswillens gestellt. Denken wir nur an die aufwendige Festkleidung, die kostbaren Geschenke, die Tänze und Gesänge, die musikalischen und schauspielerischen Leistungen und die Dekoration. Eine Fülle von Anregungen kommt uns dabei aus den Hochzeitsriten anderer Völker zu. Parallel dazu werden durch die Regionalisierung alte einheimische Hochzeitsbräuche wieder lebendig.

Daß es sich bei der Hochzeit um einen Schritt vom Individuellen ins Soziale handelt, ist an den Ansprüchen zu erkennen, die die Öffentlichkeit an das Paar richtet. Das Aufgebot, die Vermählungsanzeigen, Ringe, der öffentliche Aufzug, das Böllerschießen und der festliche Aufwand sind Zeichen und Signale an eine mehr oder weniger breite Öffentlichkeit. Was als brauchtümliches Beiwerk erscheint, ist ein gefordertes und bedeutungsträchtiges System sozialer Verständigung.

Das Zeitalter der bindenden Tradition ist vorbei. Heute ist es uns wichtig, individuelle Gestaltungsformen zu finden. Wer sich nicht kirchlich trauen lassen will, braucht auf eine festliche Zeremonie nicht zu verzichten. Übergangs-Situationen, zu denen Geburt, Hochzeit und Tod in besonderem Maße zählen, sind für alle Beteiligten unsichere Zeitabschnitte. Wie wir diese kritische Zeit erleben und gestalten, ist von großer Bedeutung. Dabei herrscht nicht nur Unsicherheit bei den Gestaltungsfragen des Hochzeitstages. Eine Entscheidung mit «lebenslangen» Folgen zu treffen, eine Bindung bis in den «Tod» einzugehen stellt für die meisten Paare eine erhebliche, wenn auch nicht immer eingestandene, seelische Belastung dar. Brechts Vers: «Die Liebe dauert oder dauert nicht», gilt nicht mit der gleichen Unbekümmertheit für die Ehe.

Dieses Buch will neben den Anregungen für die individuelle Gestaltung eines schönen Hochzeitsfestes auch Hilfen in der kritischen Situation der Entscheidung geben. In den verschiedenen traditionellen Bräuchen sprudelt eine Quelle der Inspiration, die wir aufgreifen können. Die Riten, die den äußeren Ablauf eines Hochzeitsfests regeln, haben meist einen verborgenen Sinn. Was als zeremonieller Aufwand sichtbar in Erscheinung tritt, ist Ausdruck kultureller Mechanismen, die den Bestand der Ehe sichern sollen. Wenn wir sie uns in moderner Form zu eigen machen, können wir von ihren schöpferischen Kräften profitieren.

Eine kleine
Kulturgeschichte der Ehe

Lassen Sie uns einen Blick auf unsere frühe Geschichte werfen. In unserem Schöpfungsmythos steht: «Und Gott schuf den Menschen zu seinem Bilde, zum Bilde Gottes schuf er ihn; und schuf sie als Mann und Weib.» Für den göttlichen Gedanken bestand der «Mensch» aus den beiden Hälften Mann und Frau. Warum feierte das Paar, Adam und Eva, am sechsten Tag keine paradiesische Hochzeit? Warum lebten sie unverheiratet zusammen?

Das Wort «Ehe» bedeutete ursprünglich Recht, Gesetz, ewige Ordnung. Erst im Übergang von der zunächst kreatürlichen Gesellschaft zur Gruppengemeinsamkeit erkannten die Menschen, daß sie Regeln und Gesetze brauchten.

So barbarisch uns die alten Verlobungs- und Hochzeitsriten heute auch erscheinen mögen, sie bedeuten tatsächlich einen Höhepunkt der Zivilisation. Am Anfang jeder Völkerchronik steht der Frauenraub. Im Laufe der Zeit entwickelte sich aus der Raubehe die Kaufehe. Dieser relative «Zivilisationserfolg» scheint auf Grund des Widerstandes der Frauen erfolgt zu sein. Bis heute hat sich zum Beispiel an vielen Orten im Osten der Schwerttanz der Braut am Hochzeitsfest erhalten.

Das, was wir unter Ehe verstehen, entstand erst bei den «Kulturvölkern». Die Beziehung zwischen Mann und Frau wurde durch Gesetze geregelt. Schon die frühen Hochzeiten waren rauschende Feste für die gesamte Gemeinschaft. Die Öffentlichkeit war «Trauzeuge» der ehelichen Verbindung.

Das beantwortet die Frage nach der «wilden Ehe» von Adam und Eva. Sie hatten keine Wahl. Es gab keine Öffentlichkeit. Sie mußten nicht in der Gemeinschaft den gegenseitigen Besitzanspruch absichern. Das tun wir heute noch, wenn wir sagen: «Darf ich Ihnen meine Frau vorstellen» oder «das ist mein Mann». Auch wir sind fest verhaftet im Denken in Besitzansprüchen.

Im germanischen Recht war die Ehe unabhängig vom Jawort der Braut gültig. Ihr Vormund, der Vater oder der nächste männliche Verwandte, versprachen dem Bräutigam die vormundschaftliche Gewalt, die «Munt» über das Mädchen. Die Brautgabe, «Muntschatz» genannt, wurde festgesetzt, und der Bräutigam gelobte, die Braut heimzuführen. Diesen Vertrag nannte man daher Verlobung. Diese älteste Form der Trauung ist noch heute im englischen Vermählungsritual erkennbar, wenn der Vater die Braut an den Schwiegersohn übergibt.

Nach der Trauung unter der Dorflinde wurde die Braut in das Haus des Mannes geführt. Dort fand dann in Gegenwart von Zeugen die Beschreitung des Ehebettes statt. Dieser «Vollzug» der Ehe hatte standes- und güterrechtliche Folgen. Eine Alternative dazu bildete die «Friedelehe». Die Frau behielt die freie Verfügungsgewalt über ihr Eigentum, die formelle Trauung fehlte. Das war eine Art «Ehe ohne Trauschein».

Man kann die Geschichte der Hochzeit nicht losgelöst von der Kirchengeschichte betrachten. Die christliche Kirche hatte lange Zeit keine gültige Rechtsform. Der Erzbischof Caesarius von Arelate (um 470–542) verbreitete zur Zeit der Völkerwanderung die römische Staatsreligion weit über die Grenzen des Römischen Reiches hinaus. Mit missionarischem Eifer predigte er voreheliche Enthaltsamkeit, die auch für Männer gelten sollte. Und er wetterte ebenfalls gegen die lasterhafte Sitte, sich vor der Hochzeit Konkubinen zu halten. Die kirchliche Doppelhochzeit Kriemhilds mit Siegfried und Brunhilds mit Gunther im Nibelungenlied fand allerdings erst im Anschluß an das «Beilager» statt.

Frauen konnten ihre Wünsche kaum anders als negativ bekunden, indem sie mit allen Mitteln eine Ehe verweigerten. Der langobardische König Rothari erließ im Jahre 643 ein Edikt, wonach verboten wurde, eine Frau gegen ihren Willen zu heiraten, jedoch blieb das väterliche und brüderliche Verlobungsrecht davon unberührt.

Das abendländische Weltbild ist nicht nur vom germanischen Denken und der kulturellen Welt des Römischen Reiches geprägt, sondern auch von der Kirche, die Altes und Neues zu Eigenem verwob. Durch kirchlichen Einfluß reduzierte sich im Mittelalter das Verlobungsrecht des Vormunds auf ein Ehebewilligungsrecht.

Doch die Forderung der Theologen nach der Einwilligung der Frau scheint weitgehend eine auf dem Papier gebliebene zu sein. Eheliche Partnerschaft und Liebe blieben im Mittelalter ein seltener Glücksfall. Ehen wurden in allen Gesellschaftsschichten fast ausschließlich von den Familienvätern nach sozialen, wirtschaftlichen und politischen Gesichtspunkten vereinbart, ohne daß die Kinder Einfluß darauf hätten nehmen können. Bei der Trauung stellte der Priester dann fest, ob beide Seiten ihre Einwilligung gegeben hatten und ob die Regeln der Nichtverwandtschaft eingehalten worden waren. Danach begnügte er sich damit, an der Zeremonie teilzunehmen und sie mit einem Gebet zu besiegeln.

Mochten die Theologen noch so betonen, daß jeder der beiden Gatten sich dem anderen gab, die Heiratszeremonie zeigte unverkennbar den Vorrang des Mannes. Er legte den Ehevertrag vor und reichte seiner Braut den Ring. Die öffentliche Zeremonie fand ihren Abschluß in der Segnung des Brautbettes. Unter den aufmerksamen Blicken der Verwandten und des Priesters bestiegen Braut und Bräutigam das Bett. Ein Priester oder der Vater des Bräutigams sprachen den Segen, der die Fruchtbarkeit fördern sollte.

Nachdem die Kirche das Jawort beider Brautleute als Voraussetzung für die Gültigkeit einer Eheschließung durchgesetzt hatte, wollte sie auch die Trauung vollziehen. Noch im 14. Jahrhundert waren Laientrauungen üblich. Die übliche Reihenfolge war: Trauung durch einen Laien, Beischlaf und zuletzt der feierliche Kirchgang.

Erst im 15. Jahrhundert setzte sich das Traurecht der Kirche allgemein durch. Im Jahre 1525 wurde festgelegt, daß eine kirchliche Trauung vor dem Altar und nicht vor der Kirche stattzufinden hatte. Der Nürnberger Rat ordnete dies nach der Einführung der Reformation an. Das Konzil von Trient (1545–1563) präzisierte das Eheschließungsrecht: Die Trauung mußte nun von einem Pfarrer und vor zwei bis drei Zeugen durchgeführt werden. Der Ehe wurde der Status eines Sakraments zugestanden. Martin Luther widersprach dieser Auffassung. Für ihn war der Ehestand ein weltliches Geschäft.

So sah es auch die weltliche Obrigkeit der Stadt Müllheim und protokollierte im Trauungsbuch: 1737 den 6. Novembris ist Johannes Meyer von Mengen auff Herrn Diacono Zanden mit Barbara Pfisterin, welche Meyer sub promissione matrimonii (unter dem Versprechen, sie zu Serenissimi hohen Befehl in der Kirche allhier zu heiraten) geschwängert, copuliert worden, und weil ersagter Meyer die Pfisterin absolute nicht heurathen wollen, ist er von 4 Wächtern armata manu (mit bewaffneter Hand) in die Kirchen geführt, zum Altar hingeschleppt, seine Hand mit Gewalt in die Hand der Pfisterin eingeschlagen worden, und da er beständig «nein» sagte: «Ich will sie nicht» etc., hat Herr Diaconus ex mandato Serenissimi (auf Befehl des Marktgrafen) «ja» gesagt. (Aus W. Ebel, Curiosa iuris germanici)

Auch die Erzieherin Madame de Maintenon hatte für ihre Zöglinge, die sich von der Heirat eine idyllische Freiheit erhofften, nur den bitteren Rat: «Mademoiselle, Sie werden einen Gatten zu umsorgen haben, und danach werden Sie einen Herrn und Meister haben... Sie werden ihm vielleicht mißfallen; oder er mißfällt Ihnen; daß Sie beide den gleichen Geschmack haben, ist fast nicht möglich; es mag Ihrem Gatten in den Sinn kommen, Sie zu verderben, oder er mag in seinem Geiz Ihnen nichts vergönnen; ich würde Sie langweilen, wollte ich Ihnen erzählen, was die

Ehe ist.» (Conversations: sur la contrainte inévitable de tous les états)

Bei der Heirat waren bis in das 18. Jahrhundert in allen Gesellschaftsschichten Fragen wie Stand, Mitgift, Besitz und «gute Verbindungen» entscheidend. Besonders Fürstentöchter waren viele Jahrhunderte lang Spielball der Politik. Die jungen Menschen wurden ohne ihre Zustimmung verlobt, versprochen und sogar verkauft. Bei Bauern waren es meist wirtschaftliche Erwägungen, die ein Paar zusammenführten. Eine Heirat war unumgänglich, um einen Hof führen zu können. Die Bäuerin war für den Haushalt, die künftigen Erben und für einen Teil der landwirtschaftlichen Arbeit zuständig.

Für einen Handwerksmeister war Heirat eine Statusfrage und von der Zunftordnung vorgeschrieben. Wenn der Geselle Meister werden wollte, hatte er nur eine Wahl: die Tochter oder die Witwe seines Meisters zu heiraten. Die Absicherung gegen Armut und die eheliche Geburt der Kinder waren wichtiger als die Liebe zum Ehepartner. Doch die Menschen fingen an, auf Vernunft und Freiheit zu hoffen. Die Dichter der Romantik forderten, die Ehe auf gegenseitige Liebe zu gründen und Mann und Frau die gleichen Rechte zu gewähren. Auch die Theoretiker der Französischen Revolution setzten sich für die freiwillige Verbindung zwischen Mann und Frau ein. Dadurch wurde der Weg frei für ein staatliches Eheschließungsrecht, die Zivilehe.

1792 vollzog der revolutionäre französische Staat erstmals die Trennung zwischen Kirche und Staat, nur die Ziviltrauung wurde staatlich anerkannt. In Deutschland brachte das Reichsgesetz von 1875 eine einheitliche Regelung für alle Bundesstaaten. Im Jahre 1900 ging diese als Ehegesetz in das neue Bürgerliche Gesetzbuch ein.

Trotz dieser Fortschritte mußten in Deutschland die Frauen, wollten sie als Alternative zur Ehe eine gute Berufsausbildung, ihren Zugang zur Universität gegen den heftigen Widerstand der Männer erkämpfen. Erst in den 20er Jahren des 20. Jahrhunderts

setzte sich der Wunsch nach Gleichberechtigung und Berufsausbildung durch. In der Weimarer Republik wurde Frauen der Zugang zu Hochschulen und Universitäten gewährt. Aber auch
dann wurden sie als «studierende Jungfrauen» oft angefeindet
und nur geduldet. Bis dahin wurde allgemein angenommen, daß
das Abitur zu einer «Massenvernichtung des unschätzbaren ma-
ternalen Mädchentyps» führe. Die Frau sei allein zur Mutter geboren. Die Nationalsozialisten brandmarkten den Fortschritt der
Weimarer Republik jedoch als «unnatürlich» und erklärten die
Frauen zu «Volksmüttern» von «rassereinen» zukünftigen Sol-
daten mit natürlichem «Trieb» zur Haushaltsführung. War der
Bräutigam an der Front, hatte das Paar die Möglichkeit der
«Ferntrauung».

Erst durch den Krieg verlor Berufstätigkeit wieder ihren Makel. Nach dem Krieg prägten Trümmerfrauen das Bild. Doch in
der Wirtschaftswunderzeit wurden Frauen wieder zurück an
Heim und Herd beordert. Das Ideal der Zeit waren Liebeshei-
raten. Eine glückliche Braut in strahlendem Weiß ließ um sich
werben; alles andere wäre unweiblich gewesen. Erst die Studen-
tenbewegung der 60er Jahre etablierte alternative Formen des
Zusammenlebens. Heute werden «Ehen ohne Trauschein» und
unverheiratete Paare allgemein toleriert.

Olympische Hochzeitsnächte

Über den Wolken sitzen die olympischen Götter an der Hochzeitstafel, singen und tanzen, speisen Ambrosia und trinken Nektar.

Aphrodite hat keine Freude an Hochzeitsfeiern, auch in der Ehe sieht sie keinen Sinn. Sie ist Hephaistos, ihrem Gatten und Halbbruder, nicht treu. Als er sie mit Ares, dem Kriegsgott, im Bett erwischt, nimmt er sie mit einem unsichtbaren Netz gefangen, ruft die Götter zusammen und zeigt ihnen das Debakel. Daimos und Phobos – Furcht und Grauen – heißen die Kinder, die Aphrodite vom Kriegsgott bekommt. Und Grauen möchte Aphrodite am liebsten auch in den Brautbetten verbreiten. Da ist zum Beispiel die schöne sterbliche Königstochter Psyche. Sie ist so schön, daß das Volk ihr huldigt und darüber vergißt, den Blumenschmuck in Aphrodites Tempel zu erneuern. Aphrodite ist verärgert. Sie ruft nach ihrem ungezogenen Sohn Amor, der mit seinen Liebespfeilen auf treue Sterbliche schießt und sie in Liebesabenteuer verwickelt. Aphrodite will, daß er auf Psyche schießt, so daß sie sich unsterblich in ein Ungeheuer verliebt.

Psyches Vater, dem König, wird durch das Orakel befohlen, Psyche als Braut zu schmücken und auf den Berg zu führen, denn ein geflügeltes Schlangentier wünsche sie zur Frau und werde die Jungfrau zur Hochzeitsnacht holen. Eltern und Untertanen begleiten die unglückliche Psyche weinend zum Berg. Doch Zephir, der Gott des Westwinds, hüllt die traurige Braut in eine Wolke und trägt sie zu Amor. Amor ist in Psyche verliebt und läßt kein Schlangengezücht an ihren begehrenswerten Körper.

Unsichtbare Dienerinnen baden und salben Psyche. Sie schläft ein. Amor nähert sich ihr in Menschengestalt und macht sie zu seinem Weib. Es ist Nacht, und Psyche kann nichts erkennen. «Nie darfst du mich besehen», verlangt Amor von ihr. Bald findet Psyche Gefallen an den Liebesnächten mit Amor, nur tagsüber langweilt sie sich. Sie trifft sich mit ihren Schwestern, die vorgeben, genau zu wissen, daß sie mit einem Lustmolch schläft, und so wächst in der verliebten Psyche der Wunsch, ihren Mann zu betrachten.

Es ist Nacht, sie entzündet eine Lampe, sieht ihren Göttergatten und zittert vor Glück über seine Schönheit. Da fällt ein Tropfen heißen Öls auf Amors Schulter. Er wacht auf, wütet und entschwindet. Psyche bleibt allein und verzweifelt zurück. Aphrodite jagt die weinende und schwangere Psyche in die Unterwelt. Sie soll einen Topf Schönheit holen. Es ist ihr verboten, den Topf zu öffnen, aber Psyche ist schwach. Sie öffnet das Gefäß und fällt in eine tödliche Ohnmacht. Amor hat ihr jedoch verziehen, er hat Sehnsucht nach seiner Frau. Er weckt sie aus dem ewigen Schlaf und ersteigt mit der Hochschwangeren den Olymp. Aphrodite versöhnt sich mit ihrer Schwiegertochter, und Zeus stößt mit einem Becher Nektar auf ihre Unsterblichkeit an. Alle feiern Hochzeit und lassen sich von Amors romantischer Hochzeitsnacht erzählen.

Ungleiche Heirat

Selbst ein so himmlisches Paar fand nach der Verbindung
sich ungleich:
Psyche ward älter und klug, Amor ist immer noch Kind

Johann Wolfgang Goethe

Heilige Hochzeit
zu Babylon

Die alte Weltmetropole Babylon wurde von Robert Koldeway, dem Architekten und Archäologen, entdeckt. Sie liegt 80 Kilometer nördlich von Bagdad am Rande einer Oase. Die alte Stadtmauer ist achtzehn Kilometer lang, an einigen Stellen acht bis zwölf Meter breit und stellt mit ihren 360 Wehrtürmen das größte Bollwerk der alten Welt dar. Babylon wurde um 4000 v. Chr. gegründet. Es erreichte um 1700 v. Chr. seine erste und um 570 unter dem Chaldäerkönig Nebukadnezar II. seine zweite Blütezeit. Am Ufer des Euphrat lag das Marduk-Heiligtum mit dem Stufenturm. Nach Aussage der Bibel reichte der Turm bis zum Himmel, nach Koldeways Berechnungen hatte er eine Höhe von 90 Metern. Der Sakralbau war mit blauen, glasierten Ziegeln verkleidet, hatte weißleuchtende Terrassen und wurde von einer goldenen Marduk-Statue gekrönt. Glaubt man Herodot, so war sie aus reinem Gold und 23 500 Kilogramm schwer.

Das höchste Fest der Babylonier war das Neujahrsfest. An diesem Tag entschied Marduk, welcher Mensch ins Lebensbuch einzutragen sei, ob das kommende Jahr fruchtbar werde und ob der König weiterregieren könne. Das Fest wurde auch «Thronbesteigungsfest» genannt. Marduk besiegte an jenem Tag alle anderen Götter und bestieg den Thron im Pantheon. Auch der babylonische König mußte sich im Tempel vor dem Bild des Gottes niederwerfen. Ischtar war die weibliche Gottheit der Babylonier. Als Morgenstern war sie die Göttin des Kampfes, als Abendstern Göttin der Liebe. Am Neujahrstag, dem Thronbesteigungsfest, wurde sie als Göttin der Liebe in der «Heiligen Hochzeit» gefeiert. Am achten Tag des Festes pilgerte das Volk, das aus allen Teilen des Landes zusammengekommen war, durch das Tor der Ischtar. Es war jedoch kein Triumphzug für Ischtar, sondern für Marduk, den Vatergott, König der Könige, dessen Thronbesteigung gefeiert wurde. Diese konnte jedoch nur erfolgen, wenn er sich mit der Muttergottheit in der «Heiligen Hochzeit» vermählte.

Koldeway fand bei seinen Ausgrabungen ein bemerkenswertes Symbol des Patriarchats, der männlichen Herrschergewalt über die weibliche Erdgottheit: den berühmten, über einer liegenden Frauengestalt stehenden babylonischen Löwen.

Einen Sieg des männlichen Weltprinzips stellt die «Heilige Hochzeit» für jene dar, die glauben, daß der Geschlechtsakt eine Besitzergreifung der Frau ist. Einen Sieg des weiblichen Weltprinzips sehen jene in der «Heiligen Hochzeit», die annehmen, daß der Geschlechtsakt die leidenschaftliche Abhängigkeit des Mannes von der Frau ausdrückt. Die dritte Gruppe sieht in der kultischen «Heiligen Hochzeit» eine Vereinigung oder Verschmelzung, ein magisches Ineinanderfließen beider Kräfte, der liebenden Energie der Muttergottheit und der ordnenden Kraft des Vatergottes.

In einem kleinen Kultraum im obersten Stockwerk des Stufenturms erwartete eine Priesterin das ganze Jahr über den Besuch des Gottes Marduk. Am Neujahrstag machte sie der «Gottesbraut» Platz, die hier mit dem König oder einem Vertreter die «Heilige Hochzeit» feierte. Die Gottesbraut, auch Priesterin, wurde durch ein Orakel bestimmt und gehörte der führenden Schicht an. Was sich im Brautgemach abspielte, wurde als strenges Geheimnis gehütet. Überliefert ist nur, daß nie eine Priesterin schwanger wurde. Die feierliche körperliche Vereinigung wurde im Kult zu einem geheiligten Akt und sollte den Segen der Götter bewirken. Der Chor der Priesterinnen sang das «Bräutigam-Lied», während der König auf die Spitze des Turms stieg und das Brautgemach betrat.

«Bräutigam, Teurer meines Herzens, groß ist deine Schönheit, süß ist deine Liebe, löwenstark deiner Lenden Kraft. Komm, o komm, führe mich in dein Schlafgemach, schenke mir deine Liebkosungen. Mein Herr Gott, mein Herr und Beschützer, mein

Schu-Sin, der Enlils Herz erfreut, schenk mir bitte deine Lieb-kosungen.»

Vom Volk wurde der Vermählungsakt des Götterpaares mit den Hierodulen, den niederen Priesterinnen, «im Haus der Liebe» nachvollzogen. Festlich gekleidet und schweigend trat der Pilger vor den Altar der Liebe und erlebte als Mensch die Gottheit.

Auch die Assyrer, Hethiter, Kanaanäer, Griechen, Ägypter und, nach Aussagen des «Hohenliedes», auch die ersten Hebräer feierten die «Heilige Hochzeit» als das zentrale Fruchtbarkeitsfest.

Der älteste Bericht einer Hochzeitsnacht

Dieser Bericht einer Hochzeitsnacht entstand vor über 5000 Jahren. Ein Mann verliert seine Unschuld, und seine Unsterblichkeit wird von einem erfahrenen babylonischen Mädchen in sterbliche Schwäche verwandelt. Es ist der sumerische Waldgott Enriku, ein Freund des Gilgamesch. «Das war Enriku, mit Haaren bedeckt war sein ganzer Leib, sein langes Haupthaar sproß wie Weizen, Kraft hatte er wie ein Wildstier, aß Kräuter mit den Gazellen, trank mit dem Wild aus der gleichen Tränke.» Auf den Rat eines Weisen brachte Gilgamesch eine kultische Tempeldienerin, eine Hierodule, zur Quelle des Waldmenschen. Enriku kam, «da zog die Hierodule ihr Kleid aus, zeigte ihm ihre Brüste und ihre Fülle, sie öffnete ihren Schoß, reizte seinen Geruchssinn und erregte seine Lust nach Frauenart. Seine Kraft drang in sie ein; sechs Tage und sieben Nächte gingen dahin, bis Enriku sich gesättigt erhob und wieder zu seinen Tieren zurückging. Doch die Gazellen wichen vor ihm entsetzt zurück, das Wild der Steppe floh vor ihm. Enriku erschrak, seine Knie wankten, schwach war er geworden, er war nicht mehr wie zuvor, dafür hatte er jetzt Wissen! Er kehrte traurig zur Hierodule zurück. Sie nahm ihn an die Hand, so wie man ein Kind führt, und brachte ihn zu den sanften Hügeln der Hirten.»

Hochzeitsbräuche der Griechen und Römer

Sklaven und Frauen waren die beiden stark diskriminierten Gruppen der Antike. Man hielt es für eine Strafe, als Frau wiedergeboren zu werden. Im römischen Recht nahm die Ehefrau die Position einer Tochter ihres Gatten ein. Das Wahlrecht und der Zugang zu Ämtern blieben ihr ebenso versagt wie die Verfügung über ihren Besitz oder ihre Mitgift. Auch im Christentum galt die Frau als minderwertig und war gegenüber ihrem Gatten zum Gehorsam verpflichtet. Die Theologen argumentierten mit Evas Sündenfall.

Der römische Schriftsteller Seneca (55 v. Chr. – 39 n. Chr.) war empört über das Verkuppeln von Menschen ohne ihr Einverständnis. «Jedes Tier und jeden Sklaven, alle Kleider und Küchengeräte prüfen wir genau, bevor wir sie kaufen; nur eine Braut wird nicht vorher in Augenschein genommen, damit sie dem Bräutigam nicht mißfallen kann, bevor er sie heimgeführt hat. Ist sie böse, dumm oder mißgestaltet – oder riecht sie aus dem Mund –, welche Fehler sie auch immer hat, so lernen wir sie erst nach der Hochzeit kennen.» Das galt natürlich ebenso für die Braut.

In Rom war das gesetzliche Mindestalter für eine Heirat bei Mädchen zwölf, bei Knaben vierzehn Jahre. Kaiser Augustus erließ ein Gesetz gegen Ehe- und Kinderlosigkeit: Wer bis zu seinem zwanzigsten Lebensjahr noch nicht verheiratet war, wurde bestraft oder sogar verbannt. Die erste Form der Ehe war die Raubehe. Die Götter machten es den Menschen vor. So wie Zeus Europa raubte, entführte Paris Helena. Agamemnon und Achilleus raubten Chrysëis und Brisëis. Mit dem «Raub der Sabinerinnen» wurde Rom begründet.

In Sparta erklärte man den Raub der Braut zur offiziellen Eheschließung. Der griechische Historiker Plutarch (46–120 n. Chr.)

berichtet: «Eine Verheiratung in Sparta geschah auf die Art, daß jeder Jüngling sich seine Braut rauben mußte. Eine sogenannte Brautdienerin nahm sie in Empfang, schor ihr den Kopf kahl, nahm ihr die feinen Kleider ab, steckte sie in ein grobes Sackkleid, bettete sie auf einen Strohsack und ließ sie im Finstern allein zurück. Der Bräutigam schlich nachts heimlich zu ihr und löste gewaltsam ihren Gürtel. Und zwar nicht nur einmal, nicht nur in der ersten Zeit, sondern lange Zeit. Das förderte die Lust; mit stets verjüngter Liebe eroberte er sie immer von neuem, anstatt durch offiziellen gewohnheitsmäßigen Genuß gesättigt und entkräftigt zu werden.»

Die Bibel beschreibt einen ähnlichen Brauch der Hebräer. Im 5. Buch Moses steht: «Ein schönes Mädchen, im Krieg geraubt, das deine Lust erweckt, führe sie heim, schere ihr Haupt und ihre Nägel, lege ihr Sackkleider der Gefangenschaft an, lasse sie einen Monat lang ihre Eltern beweinen, danach magst du ihr beischlafen oder sie ehelichen.» (Dtn. 21, 10–14)

Die bis heute in Europa gepflegten Bräuche – das Über-die-Schwelle-Tragen der Braut oder der Polterabend – können als Relikte der Raubehe gedeutet werden. Nach Aussage moderner Verhaltensforscher hat sich keine andere prähistorische Sitte so stark in unser Bewußtsein geprägt wie die Raubehe. Der moderne Mensch ist in seiner Sexualität und in seinem aggressiven Verhalten stark von seinen kriegerischen Vorfahren bestimmt.

Die Hochzeit zu Kanaan

Nach der Unterschrift unter die Eheurkunde war das Paar verlobt. Sie sollten sich bis zur Hochzeit nicht wiedersehen. Nach Befragung des Priesters oder des Orakels wurde der Hochzeitstermin festgesetzt. Besonders gern wurden die Tage des Vollmondes gewählt. Die Tage zwischen Ostern und Pfingsten galten im Orient als unglücklich. Das mag damit zusammenhängen, daß in dieser Zeit die Gerste und der Weizen geerntet wurde. Der Monat «Gamelion» – Gamos bedeutet Hochzeit – wurde in Griechenland bevorzugt. Es war der erntefreie Januar/Februar. Im östlichen Mittelmeerraum nahm die Braut einen Tag vor der Hochzeit ein sakrales Weihebad. Darüber hinaus verlangte der Bräutigam in manchen Ländern eine Jungfernprobe. Plutarch berichtet, daß sich bei einigen Stämmen am Kaspischen Meer die Bräute nackt vor einem Bienenhaus aufstellen mußten. Die «keusche» Arbeitsbiene störte sich an einem keuschen Mädchen nicht, eine unreine Braut jedoch trieb sie zur Flucht.

Zur Hochzeit legte das Mädchen ihre kurzen Kleider ab und zog ein festliches Frauenkleid an. Auf dem Kopf trug sie einen Schleier oder eine Haube. Nur die verheiratete Frau trug eine Kopfbedeckung. Der Schleier hatte verschiedene Farben. In Rom war er feuerrot und hieß «Flammeum». Der Brautschleier hielt die bösen Geister fern. In Griechenland kam ihm kultische Bedeutung zu: Der göttliche Eros lüftet den Schleier der Psyche.

Ein Kranz von Rosen und Myrten oder eine kostbare Krone schmückte die Braut. Im «Hohenlied» des Alten Testaments können wir nachlesen, daß auch der Bräutigam eine Hochzeitskrone trug: «Ihr Töchter Jerusalems, kommt heraus und beschaut den König in der Krone, mit der seine Mutter ihn krönte am Tag seiner Hochzeit, am Tag seiner Herzensfreude.» Ob arm oder reich, Schleier und Krone verwandelte das Paar für einen Tag in ein Königspaar, dem alle zujubelten und mit Freudenliedern huldigten.

König Salomon

Aus dem Hohen Lied

Schwarz bin ich und doch lieblich,
Ihr Töchter Jerusalems,
Wie der Kedarenen Gezelte,
Wie die Decken Salomons.

Seht mich nicht an, daß ich schwärzlich bin:
Mich brannte die Sonne.
Die Söhne meiner Mutter zürnten mir;
Sie satzten zur Weinberghüterin mich,
Und wähnen meinen Weinberg
Hütet' ich nicht.

O sage mir,
Den meine Seele liebt:
Wo weidest du?
Wo lagerst du
Am Mittag? –
Daß ich nicht, wie eine Verhüllte, geh
Zu Herden deiner Gespielen,

Und weißt du das nicht,
Schönste der Frauen;
So folge den Tritten der Herde nach
Und weide deine Ziegen
Bei den Zelten der Hirten.

Stimme meines Lieben!
Siehe, er kommt!

Springt über die Berge,
Hüpft über die Hügel,
Wie ein Reh ist mein Lieber,
Wie ein flüchtiger Hirsch.

Siehe, da steht er schon
Dahinter der Wand,
Schaut durchs Geländer;
Blinket durchs Gitter.
Er spricht, mein Lieber,
Er spricht zu mir:
Steh auf, meine Liebe,
Steh auf, meine Schöne,
Komm! –

Denn siehe, der Winter ist über,
Der Regen ist über, vorüber!
Man sieht schon Blumen am Boden,
Die Zeit des Gesanges ist da.
Man hört die Stimme
Der Turteltaube
Auf unsrer Flur.

Der Feigenbaum hat seine Feigen
Mit Süße gewürzt.
Des Weinstocks junge Trauben
Duften schon …
Mein Täubchen in den Spalten der Felsen,
In den hohlen Klüften der Steige,
Laß sehn mich deine Gestalt,
Laß deine Stimme mich hören,
Denn deine Stimme ist lieblich,
Denn deine Gestalt ist schön.

In meinem Bette suchte ich
Die lange Nacht,
Den meine Seele liebet –
Ich suchte ihn und fand ihn nicht.

Ich will aufstehn nun,
Die Stadt umgehn,
In den Straßen,
In den Gassen
Und suchen ihn,
Den meine Seele liebet:
Ich suchte ihn und fand ihn nicht.

Mich fanden die Wächter,
Die die Stadt umgehn:
Den meine Seele liebet,
Sahet ihr ihn?

Ein wenig weiter, ihnen vorüber,
Da fand ich ihn, den meine Seele liebt.
Ich hab ihn und will ihn nicht lassen,
Bis daß ich ihn führe
Ins Haus meiner Mutter,
In meiner Gebärerin Kammer.

Bis der Tag sich kühle
Und die Schatten fliehn,
Will ich dort zum Myrrhenberge,
Zu den Weihrauchhügeln gehn.

Unsre Schwester ist noch klein,
Noch knospet nur ihr Busen;
Was wollen wir unsrer Schwester tun,
Wenn man wird um sie werben?

Ist sie eine Mauer,
So wollen wir auf sie bauen
Einen Silberpalast;
Ist sie eine Pforte,
So wollen wir sie verwahren
Mit Zedernholz.

Ja, eine Mauer bin ich,
Und meine Brüste Türme.
Da war ich in seinen Augen
Wie Eine, die Frieden fand.

Nachdichtung von
Johann Gottfried Herder

Nach dem alten «Gastrecht» der Orientalen wurde die Hochzeitstafel aufwendig hergerichtet. Fleisch, Kuchen, Schmalz, Bier und Wein wurde reichlich aufgetischt. Der Evangelist, der uns von der Hochzeit zu Kanaan berichtet, erwähnt, daß Ochsen und Mastvieh geschlachtet wurden, obwohl die Brauteltern so arm waren, daß sie nicht für genügend Wein sorgen konnten. Der Speisemeister riet dem Bräutigam: «Setze jedermann zuerst den guten Wein vor, wenn sie angeheitert sind, dann den geringeren.» Damit die Stimmung der Hochzeitsfeier nicht litt, verwandelte der damals zwölf Jahre alte Jesus sechs Tonkrüge Wasser in Wein. Nach griechischer und orientalischer Sitte nahmen die Frauen das Gastmahl nicht zusammen mit den Männern ein. Die Braut blieb bis zur abendlichen «Heimführung» den Feierlichkeiten fern.

Musikanten und Fackelträger begleiteten die Braut von ihrem Elternhaus zu ihrem neuen Heim. Laute Musik, Jubelrufe und Licht sollten die Dämonen vertreiben. Die griechische Sage berichtet, daß Eurydike, die Frau des Sängers Orpheus, an ihrem Hochzeitstage sterben mußte, weil die Dämonen sich ihr näherten, nachdem die Fackel erloschen war.

Auch in der Bibel wird von den zehn fackeltragenden Jungfrauen erzählt, die dem Bräutigam entgegengehen. «Aber fünf unter ihnen waren töricht, und fünf waren klug. Die Törichten nahmen ihre Lampen; aber sie nahmen nicht Öl mit sich.» (Matth. 25, 3)

Befand sich die Braut im Hause ihres Mannes, reichte ihr die Mutter eine Fackel und sagte zu ihr: «Entzünde das Herdfeuer in deinem neuen Heim. Sei wachsam und lasse es nie ausgehen, damit das Glück in deinem Heim nie verlöscht.»

Was mag die meist minderjährige Braut empfunden haben, wenn sie unter lautem Jubel aus dem Heim der Eltern in das Haus des Bräutigams gebracht wurde. Der griechische Dichter Apollonius von Rhodos (295–215) beschreibt ihre Seelenkämpfe und Ängste in seinem Epos «Argonautika». Wurde die Braut dann, um die Dämonen in die Irre zu führen, über die Schwelle getragen, sangen die Jungfrauen und Jünglinge Griechenlands den Hymenaisos. Diese alten Lieder waren dem Hochzeitsgott Hymen geweiht. Von Sapphos Hochzeitslied (um 350 v. Chr.) sind Fragmente erhalten.

Mädchenchor:

«Gleich naht die Braut, kommt ihr entgegen! Grausamer Abendstern? Welch Licht flammt böser am Himmel? Du, der die Tochter reißt aus den Armen der Mutter, um die Sträubende, Unberührte einem glühenden Jüngling zu geben!»

Jünglingschor:

«Freundlicher Abendstern! Welch Licht strahlt schöner
vom Himmel!
Der du leuchtend den Bund versprochener Ehe zum Ziel
führst, den die Eltern vorher bestimmt und besiegelt,
glücklich die Stunde, wenn Götter den Menschen Erfüllung
geben.»

Mädchenchor:

«Wie eine Blume, die blüht im umhegten sicheren Garten,
von Lüften umkost, von der Sonne genährt, vom Nachttau
getränkt, so ist unsere Braut, aber bald wird sie geknickt,
sobald sie der Keuschheit Blüte verliert, reizt sie keinen
Menschen mehr, und auch die Mädchen verschmähen sie.»

Jünglingschor:

«So wie die Rebe, die hilflos im Acker gepflanzt wird, um
aufzuranken und liebliche Trauben zu treiben, sich an einen
rauhen Ulmenbaum schmiegen muß, also die Jungfrau.
Bleibt sie allein, wird sie alt und vergessen!

Zur Braut:

Dein ist nicht ganz deine Jungfernschaft, auch den Eltern
gehört sie, ein Drittel dem Vater, ein Drittel der Mutter,
und nur ein Drittel ist dein. Drum streite nicht wider die
Eltern, es ist deine Pflicht, beiden zu gehorchen und dem
Manne zu folgen, den sie für dich durch reiche Mitgift
gewählt.»

Eine 4000 Jahre alte Liste aus Ur im babylonischen Reich gibt uns genaue Auskunft über die Ausgaben einer Hochzeitsfeier: Geschirr und Wäsche waren die Aussteuer der Braut. Der Bräutigam erhielt einen hohen Geldbetrag, Schmuck und Festkleider. Der Priester war für den Segen der Götter zuständig. Er wurde mit Geld und Naturalien entlohnt.

Alte deutsche Bräuche

Die alten Bräuche stammen zum großen Teil aus vorchristlicher Zeit. Die Menschen glaubten an die Existenz böser Geister, die für alle Plagen verantwortlich gemacht wurden. Deshalb kam dem Abwehrzauber große Bedeutung zu. Krankheit, Kindstod und Armut, mangelnde Liebe und Neid versuchte man durch Riten mit magischer Bedeutung zu bannen.

Die Oberpfalz

In keinem anderen Land hat sich um die Hochzeit solch ein Kranz von Aberglauben geschlungen wie in der Oberpfalz. Er beginnt mit der ersten Werbung und schließt sich erst am Brautbett. Jede Handlung wird durch genaue Regeln bestimmt. Hat der Bursche das Mädchen nach dem Tanz an seinen Tisch geführt, sich neben sie gesetzt, ihr ein Bier und eine Semmel bestellt, hat er mit ihr geplaudert und auch vom Heiraten gesprochen, darf sie zu anderen von diesem ersten Antrag unter gar keinen Umständen «unter einem Dache» sprechen. Das würde bedeuten, sie beschreie ihr Glück, und ihre Hoffnungen würden zu Wasser.

Stimmten die Eltern der Brautleute der Hochzeit zu, sagte man, daß «der Leihkauf geraten ist». Der Bräutigam zahlte das «Drangeld», sogenannte «Ehethaler». Das sind Frauenbildthaler in ungleicher Zahl, also mindestens drei. Diese Thaler darf er nicht von seinem Geld nehmen, er darf sie auch nicht bei einer Frau eintauschen, noch dürfen sie, solange er sie bei sich trägt, von einer Frau angesehen werden, damit nicht «das Glück zu Knaben genommen werde». Bei den Geschenken darf auch ein schönes Gebetbuch nicht fehlen. Jedes andere Buch «würde die Liebe verblättern». Während der Verlobungszeit ist die Braut in besonderer Weise bösen Einflüssen ausgesetzt. Sterbende oder die Gegenwart einer Leiche muß sie meiden. Sie darf nichts «von ihrem Leibe weg» ausborgen oder einen Gegenstand, den sie findet, aufheben. Ein gefundenes Hufeisen bringt normalerweise Glück, aber einer Verlobten bringt es künftigen Pferdetod ins Haus.

Die «Heiratskuh» gedeiht selten. Ihre künftige Herrin darf sie deshalb nicht aus dem Stall lassen, «damit sie den Nutzen nicht verliere».

Beim Transport der Aussteuer vom Elternhaus der Braut zu ihrem künftigen Heim muß auch der «Kammerwagen» Vorsichtsmaßregeln folgen. In die unteren Zipfel des Deckbetts werden Amulette von heiligen Kräutern und Körner und fünf Kreuzchen eingenäht, «damit die Hexe nichts ins Bett zaubern kann». Die Garben im Strohsack dürfen nicht gebunden sein, sonst könnte den Eheleuten Unglück zustoßen. Der Rocken des Spinnrades muß unbedingt den Pferden zugewandt werden, sonst stirbt die junge Frau im ersten Kindbett. Vom Wagen werden kleine Kuchen heruntergeworfen, das bedeutet «das Unglück abwerfen». Die Braut folgt dem Wagen weinend, denn «wer nicht vorher weint, muß nachher weinen».

Beim Abladen der Aussteuer benetzt der Bräutigam jedes Stück mit Weihwasser und zeichnet mit geweihter Kreide drei Kreuze darauf. Das Bett darf vom Bräutigam nicht berührt werden und wird zuerst auf den Tisch gestellt, «damit er nicht aus der Ehe gehe». Dafür muß er den Strohsack, den die Leute der Braut mit Holz und Steinen gefüllt haben, alleine in die Bettstatt tragen und die erste Nacht darauf schlafen, «damit er lerne, das Hauskreuz zu tragen und seine Frau gut zu behandeln». «Kreuz über Kreuz» kommt über das junge Paar, sollte einer von ihnen zuerst das Kruzifix ins neue Heim bringen. Auch als Hochzeitsgeschenk sieht man das Kreuz nicht gerne. In der Nacht vor der Hochzeit schlagen Angehörige der Braut im Elternhaus mit der flachen Hand eine Scheibe ein. Zerspringt die Scheibe in viele Stücke, bedeutet das Reichtum.

Salz und Brot tut man der Braut am Hochzeitstag in das Täschchen, damit sie nicht verarme. Mist im Brautschuh bewahrt sie vor Heimweh. Zum selben Zweck wird sie von ihren Freundinnen und den «Platzbuben» an der Hand über die Düngestätte geführt und hört dazu die folgende, nicht gerade tröstliche Prophezeiung: «Wein', Mädel, wein' / Wir führen dich nimmer heim / Wir führen dich über deines Vaters Mist / Es geht dir nie mehr, wie dir's gegangen ist.»

Und zur Bestätigung dessen überreicht man der Braut beim Betreten des neuen Heims ein Glas Wasser, «damit sie nicht übermütig werde». Beim Hochzeitszug zur Kirche tanzen die Kinder um das Paar herum und schreien: «Bräut'gam, lös' dich! Braut, lös' dich! Ich zerreiss' dich!» Die Brautleute haben die Taschen voller Münzen und werfen sie aus. Sie haben dann so lange ihre Ruhe, wie die Kinder mit «klauben» beschäftigt sind. Sie müssen jedoch darauf achten, daß sie eine gerade Anzahl von Münzen werfen, «damit es mit der Wirtschaft nicht zurückgehe». «Damit sie rechte Nachbarn werden», müssen sie mit der rechten Hand werfen. Während des Hochzeitszuges dürfen Braut und Bräutigam sich nicht umsehen. Die Braut nicht, «damit sie nicht beschrieen werde», und der Bräutigam nicht, weil es heißt, er sieht sich «nach einer zweiten Frau um». Regnet es morgens oder abends am Hochzeitstag, wird das Paar früher oder später reich. Regnet es der Braut in den Kranz, wird sie bestimmt eine reiche Frau. Stößt sich der Bräutigam irgendwo an, gedeiht der erste Knabe nicht. Widerfährt es der Braut, entwickelt sich das erste Mädchen nicht richtig. Schwitzen die Brautleute während des Hochzeitsganges, «gibt es viel Mühe und Plage, Kreuz und Kummer». Fällt einem der Brautleute etwas aus der Hand, bedeutet es ihm frühen und andauernden Witwenstand. Auf gar keinen Fall darf dem Hochzeitszug auf dem Wege zur Kirche ein Leichenzug oder ein zu einem Sterbenden eilender Priester begegnen. Man weiß dann zwar nicht, wer von dem Paar, aber daß einer sterben wird.

Um so besser weiß man es bei der Trauung. Wer zuerst niest, wer sich zuerst umsieht, unter wessen Füßen das Kirchenpflaster feucht wird, auf wen der Rauch der Kerze zieht oder wessen Altarkerze zuerst abbrennt, der stirbt zuerst. Geht das Kerzenlicht des Bräutigams während des Hochzeitamtes aus, so erfolgt der Tod binnen eines Jahres. Geht ein Licht nach der heiligen Wandlung aus, so stirbt die Braut zuerst, erlischt es aber während der Wandlung, ist es der Bräutigam. Niest der Geistliche während der Wandlung, «wird er die Brautleute noch in dem selben Jahre zum Gottesacker aussegnen».

Nicht alle Vorzeichen gehen auf Tod, viele auch auf etwas weniger Verhängnisvolles, jedoch sehr Unangenehmes, eine unglückliche Ehe. Sie erfolgt, wenn es draußen stürmt, wenn dem Priester die Stola nicht halten will und wenn die Lichter auf dem Altar flackern. Niemand darf zwischen das Brautpaar treten, wenn sie den Altar verlassen, sonst gibt es Unfrieden. Die Brautleute knien möglichst dicht beieinander, «damit der böse Feind nicht zwischen ihnen Platz finde».

Es gibt einen ganzen Zauberkatalog darüber, wie man der Ehe des Brautpaares Schaden zufügen kann. Darin fehlt das verhängnisvolle Vorhängeschloß nicht, welches die Ehe kinderlos macht, wenn man es zusammendrückt, während der Priester die Stola über die Hände der Brautleute legt. Drückt man einen Hufnagel beim Handschlag gegen die Hand des Bräutigams, wird er die Liebe der Braut verlieren. Die Asche von den Hörnern eines am ersten Juni gefangenen Hirschkäfers in die erste Suppe oder den ersten Kaffee getan, den das Brautpaar nach der Trauung zu sich nimmt, läßt sie lieblos und untreu werden. Schlägt man einen alten Nagel in den Brautschuh, drückt und schmerzt er die Braut nicht nur, sondern sie wird für immer lahm. Reißt man ihr beim Betreten der Kirche ein Haar aus, wickelt es um einen Palmzweig und verbrennt es, wird sie wahnsinnig. Mißgünstige Menschen tun nichts Gutes, und deshalb wird die Braut verschwenderisch in der Haushaltsführung, legt man ihr einen durchlöcherten Pfennig beim Festmahl unter den Teller und nicht ein Silberstück, das würde die Braut nämlich reich machen. Der Ehering hat natürlich ebenfalls mystische Bedeutung. Zerbricht er bei der Trauung, was wohl selten vorkommt, bedeutet das Tod. Er darf nicht mehr vom Finger genommen werden, sonst gibt es Streit in der Ehe. Außerdem hat der Ring Kraft und Wirksamkeit gegen allen Zauber, gegen Hexen und «Bilmesschnitter», die mit ihrem Zauber Ernten verwüsten.

In den alten Tagen wurde in der Oberpfalz auf gar keinen Fall am Freitag geheiratet, denn «am Freitag heiraten die Lausigen». Bei abnehmendem Mond oder in der Kreuzwoche wurde ebenfalls nicht geheiratet, «sonst mißrät die Ehe». Der Dienstag war der bevorzugte Hochzeitstag, es sei denn, daß der «Unschuldige Kindleinstag» auf einen Dienstag fiel, dann wurden an vielen Orten die Hochzeiten auf den Montag gelegt, weil der Dienstag zu einem Unglückstag geworden war. Um Glück in der Ehe zu haben, warf die Braut nach der Kirche wieder etwas «auf die Rapp». Das Trinkgeschirr wurde aus demselben Grund zerschlagen.

Ein bedeutungsträchtiger Wettlauf wurde um die Position im Hause zwischen Braut und Bräutigam ausgeführt. Schaffte es die Braut, ihre Hand bei der Einsegnung über die des Bräutigams zu legen, zuerst ihr zukünftiges Heim zu betreten, ihm zuerst mit dem Ehrentrunk zuzutrinken oder endlich zuerst das Bett zu besteigen, führte sie das Regiment in der Ehe. Bis zu diesem Moment mußte sie allerdings noch viel weinen, denn es hieß:

Lachende Braut, weinendes Weib

Weinende Braut, freudiges Weib

Schwaben

Alle süddeutschen Hochzeiten, also auch die schwäbische, kann man in folgende Akte einteilen:

Zunächst die Werbung. Sie wird von einem Dritten vorgenommen. Ein Verwandter oder Freund wirbt für den heiratswilligen Mann. Er besichtigt Hab und Gut, Ställe und Elternhaus der zukünftigen Braut. Wird er dann zum Kaffee gebeten, verrät er – was er wünscht. Für wen er wünscht, offenbart er erst beim Abschied, wenn er um den «Bescheid» bittet, den er seinem Auftraggeber bringen darf. Die richtige Antwort braucht jedoch Zeit, mindestens acht Tage, dann kann der Werber wiederkommen. Zwei Tage nach dem zweiten, erfolgreichen Besuch des Werbers kommt der junge Mann selbst in das Haus des Mädchens. Sie erwartet ihn festlich gekleidet, und er führt sie auf seinen Hof. Der Weg dahin wird zum Festzug. Ein Mahl wartet auf die Braut und ihre Begleiter. Nach einer gegenseitigen förmlichen Einwilligung setzt der Schultheiß den Ehevertrag auf, und es wird im Wirtshaus weitergefeiert.

Der nächste Schritt ist das Einladen. In Ehingen an der Donau gehen die Brautleute in den Pfarrhof zum «Sponsalien halten» oder «Zusammengehen». Dort wird der «erste Knopf gemacht», nämlich die Proklamation veranlaßt. Am Sonntag darauf verkündet der Pfarrer von der Kanzel herab ihre Absicht, und sie gelten damit als «Hochzeitsleut». Bräutigam und Braut, die Eltern und bezahlte Hochzeitslader laden die Gäste ein. Im Schwarzwald und im Remstal wird den Hochzeitsladern der Anschnitt eines Brotlaibes angeboten. Aus den gesammelten Schnitten wird die Morgensuppe für das frisch vermählte Paar zubereitet.

Geheiratet wird an einem Dienstag, Donnerstag oder am Sonntag. Auf gar keinen Fall jedoch an einem Mittwoch, weil sich da in der vergangenen Zeit die Mädchen trauen lassen mußten, die «sich verfehlt» hatten.

Mit großem Jubel wird der Brautwagen von den Freundinnen, Cousinen oder Schwestern der Braut mit der Aussteuer beladen. Er wird geschmückt, und obenauf wird das Bett gepackt. Rund um das Bett werden die Eisen-, Blech- und Kupfergeschirre angebunden. So geht es laut und fröhlich ins künftige Heim der Braut.

Nach der Morgensuppe wartet die Hochzeitsgesellschaft, bis die Kirchenglocken ausgeläutet haben und der Meßner sie in die Kirche führt.

Nach der kirchlichen Trauung geht es ins Wirtshaus. Musik spielt auf, und das Hochzeitsfest beginnt mit dem Brauttanz. Dann wird das Mahl serviert, und anschließend werden die Geschenke verteilt.

Der Hochzeitsabend wird durchgängig mit Tanz gefeiert. Die Stimmung steigt, wenn die Ledigen kommen, dann wird gesungen und gescherzt. Nach dem letzten Tanz sammeln sich die Freunde des Brautpaares und singen ein herzzerbrechendes Abschiedslied. Das Hochzeitspaar schluchzt dazu und wird mit Gesang heimbegleitet. Die musikalische Darbietung nennt man «Heimsingen». Auf der Schwäbischen Alb ziehen die Freunde des Brautpaares und die Musikanten mit ins Heim und tanzen und toben bis spät in die Nacht. Anschließend singen sie vor dem Haus weiter. Das nennt man die Braut «niedersingen».

Die ersten drei Nächte nach der Hochzeit werden in Oberschwaben die «Tobiasnächte» genannt. «Nach Verlauf der dritten Nacht aber nimm zu dir die Jungfrau in der Furcht des Herrn.» In Tobias 6, 22 finden wir die Veranlassung zu diesem Namen. Man hoffte durch diese Enthaltsamkeit dem Teufel zu verwehren, der Ehe Schaden zuzufügen.

Der Brauch, dem Brautpaar am Morgen nach der Hochzeit eine Morgensuppe zu servieren, ist schön und nach einer durchgefeierten Nacht sinnvoll, so daß wir den Leserinnen und Lesern das folgende Rezept nicht vorenthalten wollen.

Schwäbische Hochzeitssuppe (1876)

Leberknödel:
125 g Rinderleber
30 g Speck
2 altbackene Semmeln
2–3 Eßl. Milch
Semmelmehl
1 kl. Zwiebel
1 Ei
Salz, Pfeffer und Majoran

2 Semmeln in Milch einweichen, ausdrücken, zusammen mit Leber, Zwiebel und Speck durch den Fleischwolf drehen, mit Ei und Gewürzen verkneten, mit nassen Händen kleine Knödel formen und in Salzwasser 10–20 Minuten garen.

Bratknödel:
Wurstbrät beim Metzger kaufen, mit dem Eßl. kleine Knödel abstechen, in Salzwasser garen.

Backerbsen:
1/8 Wasser, 25 g Butter, 75 g Weizenmehl, 15 g Weizenmehl, 15 g Mondamin, 3 Eier, 1/2 gestrichenen Teel. Backin, daraus einen Brandteig herstellen,
dann mit einem Spritzbeutel kleine Röschen auf das Backblech spritzen und 15 Minuten backen oder in schwimmendem Fett ausbacken.

In jeden Teller einen Leberknödel, zwei Brätknödel und Backerbsen füllen und eine gute Fleischbrühe darüber geben.

«Eine Braut brauch' ich; weißt du mir keine?» Das ist die Frage des jungen Bauern in Oberbayern an den «Hochzeitslader». Er betreibt das Zusammenbringen von Paaren gewerbsmäßig und ist an einem Rosmarinzweig am Hut mit rotem Band zu erkennen. Im Chiemgau heißt er «Prokurator». Sein Lohn für die gehabte Mühe nach vollzogener Hochzeitsfeier führt die wenig wohlklingende Benennung «Kuppelpelz».

Bei gegenseitiger Verständigung der Eltern und des heiratswilligen Paares begibt sich der Freier in das Haus der Braut zum «Richtigmachen». Er zahlt ihr die «Arrha». Sie setzt ihm den «Ja-Schmarren», einen zerrührten Eierkuchen, vor, den beide verzehren. Jetzt sind sie verlobt.

In manchen Gegenden wird der «Hochzeitslader» von zwei Gefährten begleitet. Der eine ist der Bräutigam, «Kranzlherr», geschmückt mit einem großen Strauß an der Brust. Der «Hundwehrer» oder «Hennenklemmer» hat die Aufgabe, bei den einzuladenden Hochzeitsgästen eine Henne zu stehlen. Wird der Diebstahl entdeckt, erfolgt eine scherzhafte Strafe. Im Traungau wird zuerst die Braut eingeladen. Sobald sie Prokurator, Kranzlherr und Hennenklemmer entdeckt, versteckt sie sich. Sie wird gesucht, gefunden und unter mädchenhaftem Sträuben hervorgezogen. Nun ersinnt sie Ausflüchte. Sie hört nicht gut, kann die Sprache der Ladenden nicht verstehen. Der Prokurator wird rhetorisch, der Bräutigam feurig, sie läßt sich erweichen, gibt dem Bräutigam Jawort und Handschlag darauf, daß sie auf der Hochzeit erscheinen will. Am liebsten wird in der großen und kleinen Fastnacht, in den Wochen vor Advent, geheiratet. Der zweite Tag nach dem letzten «Verkündigungssonntag» ist der gegen jede Zauberei und böse Wünsche gänzlich gefeite Dienstag.

Im feierlichen Zug geht es in die Kirche. Der Brautlauf oder Schlüssellauf findet unmittelbar nach der Kirche statt. Die reichgeschmückte Braut steht in der Tür des Wirtshauses, vor welchem die jungen Burschen um den Schlüssel laufen, der den Eintritt ins Brautgemach, folglich den Besitz der Braut versinnbildlicht. Danach wird gewaltig gespeist. Das Stehlen der Braut ist eine Episode des Mahles. Auf Kosten des Bräutigams zechen die Entführer mit ihrer schönen Beute in einem anderen Wirtshaus weiter. Werden sie gefunden, wird dem Bräutigam zuerst «die wilde Braut», ein bärtiger Mann in Weiberkleidern, ausgeliefert. Der erste Tanz nach dem Mahle ist der Ehrtanz, die Braut tanzt ihn mit dem Schwiegervater. Es folgt der Gunkeltanz und der Fletztanz. Mit dem Schenken ist der offizielle Teil des Tages beendet, der Rest gehört ausschließlich dem Tanz. Versucht das Brautpaar zu entwischen, wird ihm das mit Sicherheit nicht gelingen. Hochzeitslader und Gäste leuchten dem Paar mit Possen heim, und die Musik «bläst es heim». Eine kostbare und unfreiwillige Ehre.

Der Tag nach der Hochzeit heißt «der goldene Tag». Am ersten Samstag nach der Hochzeit geht die Braut allein an einen nahen Wallfahrtsort und bringt dann die Nacht im elterlichen Haus im «Kirchtagbett» zu, denn solche freiwillige Witwenschaft gefällt der Jungfrau Maria, welcher der Sonnabend geheiligt ist.

Der Widder 🐏
21. März bis 20. April

Das Sternzeichen Widder ist ein Feuerzeichen. Sein Herrscher ist der Mars. Widder sind deshalb Menschen voller Energie und Initiative. Sie haben ein ausgeprägtes Verlangen nach Selbständigkeit. Das Feuer in ihnen macht die Widder begeisterungsfähig und selbstbewußt. Sie flirten gern, sind ehrgeizig und haben sehr klare Vorstellungen von ihren Zielen und davon, wie sie sie erreichen können. Der Widder-Mann neigt zu Eifersucht, und da er im Grunde seines Herzens ein Krieger ist, verteidigt er seinen «Besitz» mit allen Mitteln. Er schätzt diplomatischen Umgang wenig. Kein Wunder, daß mancher ihn für einen Angeber hält. Die Widder-Frau ist in der Liebe sehr aktiv. Sie bringt es nur schwer fertig, die Rolle der anschmiegsamen, passiven Partnerin zu spielen.

Sowohl der Widder-Mann als auch die Widder-Frau bezaubern ihre Partner durch Intensität, aber manchmal können sie auch durch ihre Dominanz abstoßen. Das gilt besonders für die sensiblen Fische und den Krebs.

Bei Stier, Steinbock, Waage und Jungfrau vermißt der impulsive Widder den Kampfgeist und wird eine solche Partnerschaft unter Umständen bald als langweilig empfinden. Trifft ein Widder-Mann auf eine Widder-Frau, kommt oft eine sehr heftige, aber kurze Affäre dabei heraus. Harmonisch ist die Verbindung mit Zwilling und Wassermann. Zukunft hat auch die Verbindung mit dem Skorpion. Er kontert die Attacken des Widders mit seinem Gift und ist hinterher schnell zur Versöhnung bereit. Ideal für den Widder ist der Schütze, denn er steht ihm in Heißblütigkeit in nichts nach. Gute Teampartner sind auch Widder und Löwe. Glücksbringer für den Widder sind rote Edelsteine wie Rubin, Karneol, roter Jaspis und Granat.

Der Stier 🐂
21. April bis 20. Mai

Das Sternbild Stier ist ein Erdzeichen und wird von der Venus beherrscht. Diese Konstellation bringt den Stier-Geborenen Charaktereigenschaften wie Beharrlichkeit, Realitätssinn und Eigenwilligkeit. Stiere sind auf materielle Sicherheit bedacht. Sie sind darüber hinaus auch in anderen Dingen vorsichtig und lassen sich ungern auf Abenteuer ein. Sie sind geduldig, offen und kontaktfreudig, aber sie nehmen sich sehr viel Zeit, bevor sie eine Verbindung eingehen. Stiere fürchten sich vor unangenehmen Veränderungen, die ein unvorsichtiger Flirt mit sich bringen könnte. Bevor der Stier sein Jawort gibt, muß er erst hundertprozentig überzeugt sein, daß sich ihm keine bessere Beziehung bietet.

Stier-Frauen sind oft sehr hübsch. Sie sind besonders weiblich. Sie wissen körperliche Genüsse zu schätzen und gewinnen ihre Partner im Handumdrehen. Sie sind gute und großzügige Gastgeberinnen, lieben ein kultiviertes Ambiente, richten die Wohnung geschmackvoll ein und verstehen etwas von Kunst.

In der Regel haben die Stier-Geborenen mehr Sinn für Materielles als für Geistiges. Sie beurteilen Situationen nach ihren Gefühlen. Deshalb sind sie auch eifersüchtig. An ihrem Partner schätzen sie Treue und Dauer. Das ist ideal für den Krebs, und weil der Stier selbst treu ist, kommt er auch mit Fisch und Skorpion gut aus. Seine Sehnsucht nach Geborgenheit verbindet ihn mit Jungfrau und Steinbock. In der Begegnung mit dem luftigen Zwilling ziehen sich Gegensätze an. Von der eifersüchtigen und besitzergreifenden Art des Stieres wird sich der Wassermann eingeengt fühlen, und Löwe und Widder sind dem Stier zu extrovertiert. Seitensprünge könnten sein Glück mit dem Schützen trüben, und nur wenn er bereit ist, sich sehr auf sie zu beziehen, steht dem Glück mit der Waage nichts im Weg. Die Talismane des Stiers sind Rosenquarz, Aventurin, Achat und Smaragd.

Hessen

In einigen Orten Hessens gibt der Bräutigam der Braut zur Verlobung drei verschiedene Münzen, das «Treugeld» genannt. Sie schenkt ihm einen goldenen Ring. Wird der Akt zum Zwecke des Aufgebots am Tag darauf vor dem Geistlichen wiederholt, hat das Verlöbnis auch vor dem Ehegericht oder Consistorium volle Rechtsgültigkeit. Die Eltern des Brautpaares bestimmen die Mitgift und das Datum der Hochzeit. Durch den «Weinkauf» wird diese Übereinkunft rechtskräftig gemacht. Am Tag des Weinkaufs kommen die jungen Burschen abends vor das Haus und machen mit Peitschen und Gießkannen einen fürchterlichen Lärm, den sogenannten «Schlamassel», der in einem fröhlichen Trinkgelage endet. Auch in Hessen gehen Hochzeitslader oder Verwandte des Brautpaares von Haus zu Haus und laden zur Hochzeit ein. Am Sonntag vor der Hochzeit ziehen alle jungen Hochzeitsgäste von Dorf zu Dorf, um Rosmarin zu sammeln. Die Braut lädt dann alle jungen Mädchen zum «Straußwickeln» ein. Alle Hochzeitsgäste erhalten ein mit rotem Band umwickeltes Rosmarinsträußlein, und auch der Hut des Bräutigams wird mit Rosmarin umkränzt. Am Abend vor der Hochzeit treffen sich die unverheirateten Gäste im Haus des Bräutigams. Sie singen und tanzen, während die Frauen die Erbsen für den Erbsenbrei, der nie fehlen darf, verlesen. Die Männer machen sich derweil nützlich und zerschlagen Geschirr.

Am Dienstag wird geheiratet, denn alle anderen Tage sollen kein Glück bringen. Um zehn Uhr läuten die Glocken und laden zur Brautsuppe. Danach begibt sich die Hochzeitsgesellschaft in die Kirche. Nach der Trauung geht es unter Musikbegleitung zum Haus des Bräutigams. Nach dem Brauttanz beginnt das Mahl. In Dietzenbach bindet der Bräutigam sich eine Schürze um und bedient die Gäste. Die Braut hat unter den jungen Hochzeitsgästen einen Ehrenplatz und braucht sich während der ganzen Festlichkeit um nichts zu kümmern. Nach dem Essen wird getanzt, getrunken und gesungen, oft bis zum Tagesanbruch. Der zweite Festtag beginnt mit einem Umzug, «Schambotaasch», abgeleitet von Jean Potage – Hanswurst. Die jungen Burschen verkleiden sich mit falschen Buckeln, Nasen und Kostümen. Sie ziehen in jedes Haus, in dem ein eingeladenes Mädchen wohnt, und holen es heraus. Tanzend geht es ins Hochzeitshaus zurück. Die Feier geht weiter, und die Geschenke werden überreicht. Dann wird der Brautkranz abgetanzt. Wer ihn erhascht, wird die nächste Braut oder der nächste Bräutigam sein.

Von der profanen zur geheiligten Zeit

Den Hochzeitstag festlegen

In allen Kulturen gibt es besondere Fest- und Feiertage, manche sind auf Grund ihrer Bedeutung besonders gut zum Heiraten geeignet. Hier ein paar Anregungen für die richtige Wahl Ihres Hochzeitstages:

6. Januar, Dreikönigsfest

2. Februar, Mariä Lichtmeß
Mariä Lichtmeß war auch bei den Kelten ein Feiertag
des Lichtes und der Kerzen.

14. Februar, St. Valentinstag, der Tag der Liebenden

1. März, Matronalia, römisches Fest zu Ehren der Juno
Lucina, der Schirmherrin der Ehen, der Frauen
und der Geburten, ursprünglich Neujahrstag des
römischen Jahres

21. März, Frühlingsanfang

12. April, Buddhas Geburtstag

23. April, Geburtstag des heiligen Georg

26. April, Florialia, römisches Frühlingsfest zu Ehren
der Flora, der Göttin der Blumen

1. Mai, Maifeiertag, einer der Eckpunkte des
keltischen Kalenders

21. Juni, Sommersonnenwende

24. Juni, Mittsommertag,
von der Nacht des 24. Juni handelt – unter anderem –
Shakespeares «A Midsummer Night's Dream»

2. August, keltischer Vierteljahrestag zu Ehren
von Lud, dem Gott des Lichtes

22. September, Herbstanfang

29. September, St. Michaelis, Tag des Erzengels Michael

7.–9. Dezember, Rohatsu,
traditionelle japanische Meditationszeit, in der
der Erleuchtung des Buddha gedacht wird.

13. Dezember, Tag der heiligen Lucia

21. Dezember, Wintersonnenwende

Thüringen

Will ein Mädchen aus Thüringen wissen, ob es noch ein Jahr warten muß oder nicht, füllt sie in der Neujahrsnacht eine Schale Wasser und wirft ein paar Rosenblätter hinein. Berühren sich zwei Blätter, wird sie in diesem Jahr ihren Liebsten finden. Dieser wirbt entweder selbst um die Braut, oder der Freiwerber übernimmt diese Aufgabe für ihn. Die Verlobung wird im Kreise der Familien gefeiert.

Im Frühjahr und im Herbst, außerhalb der Erntezeiten, wurden die meisten Hochzeiten gefeiert, am liebsten bei Vollmond, der Reichtum bringt. Zuerst mußte jedoch das Aufgebot bestellt werden. An drei Sonntagen wurde in der Kirche die Hochzeit bekanntgegeben. Dann richtete der «Hochzeitsbitter» die Einladungen für die in acht Tagen stattfindende Hochzeit aus. Im Thüringer Wald wurde der Polterabend ausführlich gefeiert. Je mehr Menschen zusammenkamen und je größer der Scherbenhaufen war, um so größer die Ehre. In Stotternheim, Oberweimar, Niedergrundstedt und in anderen Orten folgte nach dem Gepolter und Krach ein anmutiger Brauch. Heimlich, still und leise schlichen sich die Burschen und Mädchen zum Hochzeitshause und schmückten es mit Tannen, Birken und Blumenkränzen, an denen Bänder mit Glückwünschen angebracht waren. Der Weg zur Kirche wurde mit Blumen ausgestreut.

Vor der Hochzeit essen die Brautjungfern und die Brautführer eine Weinsuppe miteinander, in die ein Mandelkern gegeben wird. Wer den Mandelkern in seinem Teller wiederfindet, wird als nächstes heiraten.

Der Ärmste des Dorfes wird aufgefordert, sich beim Brautzug an die Tür des Hochzeitshauses zu stellen, damit die Braut ihm Geld und Kuchen reichen und so «das Unglück weggeben» kann. Die Hochzeitsgäste sind mit roten, glücksbringenden Bändern und Rosmarinzweigen geschmückt. Auch in Thüringen sieht sich das Brautpaar auf dem Weg zur Kirche nicht um, weil es Unglück, Untreue oder Tod bedeuten könnte. In der Kirche steht das Brautpaar so dicht beieinander, daß niemand zwischen ihnen hindurchsehen kann. Im Hochzeitshause wird dann gratuliert und das Essen aufgetragen. Bei gutem Wetter tanzt die Festgesellschaft auf jeden Fall draußen. Um Mitternacht begeben sich die Hochzeitsgäste mit Musik vor das Bett des jungen Paares und rücken erst wieder ab, wenn sie Schnaps und Pfefferkuchen erhalten haben. Die Brautleute versuchen währenddessen, den ungebetenen Gästen etwas zu entwenden, für dessen Herausgabe die Bestohlenen bezahlen müssen. Zur Ruhe kommt das Brautpaar auf jeden Fall nicht so schnell.

Die Geschenke werden der Braut in den meisten Orten am zweiten Festtag nach einem gemeinsamen Frühstück übergeben. Das Patengeschenk wird mit Musikbegleitung aus dem Haus der Paten geholt. Es ist ein reichbesticktes «Patenkissen», und es ist mit so vielen Federn ausgefüllt, daß es für ein ganzes Bett reicht. Auch am zweiten Festtag wird gegessen und getanzt. Der dritte Tag gilt in Neukirchen als «Nachtrag». Nach reichlicher Bewirtung, Tanz und Spielen heißt es um Mitternacht, «die Hochzeit hat ein Loch», sie ist zu Ende.

Eskalopp von Wachteln (1884)

Von flammierten und ausgenommenen Wachteln werden die Brüstchen ausgelöst, gehäutelt und in eine mit Butter bestrichene Schwungkasserolle eingesetzt, mit Salz und Pfeffer bestreut, mit einem, mit Butter bestrichenen Bogen Papier bedeckt und einstweilen an einen kühlen Ort gestellt. Aus den Gerippen wird eine Brühe

gezogen, die dann, nach ihrem Durchseihen, mit der nöthigen braunen Sauce und etwas rotem Wein, auf starkem Feuer, bis zur gehörigen Dicke eingekocht wird. Einige Minuten vor dem Anrichten werden die Brüstchen auf starkes Feuer gestellt, nach 2 Minuten umgewendet, welches sehr schnell gehen muß; sie werden hierauf noch 1/2 Minuten gebraten: die Butter wird nun abgeschüttet, die Brüstchen werden mit der Sauce begossen, einmal aufgekocht und angerichtet. Die Sauce wird mit Citronensaft und etwas Fleischextrakt gehoben, dann durch ein Haarsieb gepreßt und über die, in einer bordierten Schüssel angerichteten Brüstchen gegossen. Daß diese Schüssel zu einer der ausgezeichnetsten in der Kochkunst gehört, wird jedermann gleich einsehen, denn abgesehen von der Seltenheit (denn um nur einigermaßen eine Schüssel von einigem Ansehen zu erhalten, sind wenigstens dreißig Wachteln notwendig, die durchaus keinen hautgoût haben dürfen) und durch den Zusatz von Trüffeln und Champignons, sowie etwas Madeirawein, wird dieses Gericht zu einem der Köstlichsten gesteigert.

Eskalopp = kleines Schnitzel.
Flammiert = gerupft und abgeflammt.

Dieser Vorgang wird in Grundkochbüchern erläutert. Ihr Händler wird Ihnen diese Arbeit sicher gerne abnehmen.

Die Marken

Über den geeigneten Tag zur Hochzeit herrscht große Meinungs-
verschiedenheit. In Berlin bevorzugt man den Dienstag, würde
aber nie zulassen, daß zwei Schwestern an einem Tag heiraten,
denn das bringt Unglück. In Stendal hält man Dienstag und Freitag für gleich geeignet. In Mellin sagt man: «Wenn man Don-
nerstags freit, so donnert's in der Ehe.» Die Braut legt ihren
Hochzeitsschmuck an, den Kranz mit vielen herabhängenden sei-
denen Bändern, von denen vier bis auf die Erde reichen. An der
Brust trägt sie einen Rosmarinstrauß, in der Tasche einen alten
Gulden und, damit ihr der Böse nichts antun kann, Dill und Salz.
Sie spricht dazu: «Dille, laß nicht Wille. Salz, laß nicht nach.» In
den Schuhen liegen Haare von allen Vieharten des Hofes, denn
sonst würde das Vieh nicht gedeihen.

Der Bräutigam trägt am Hut und an der Brust ebenfalls Rosmarin und in den Schuhen Körner von allen Getreidearten, die
angebaut werden. Das sind die unumgänglichen Vorsichtsmaßregeln, um immer reichliche Ernten zu haben. So ziehen sie zur
Kirche. Während der Trauung versucht die Braut beiläufig ihrem
Liebsten auf den Fuß zu treten, das soll künftige Schläge von der
Hand des Ehemannes verhüten. Sind unter der Hochzeitsge-
meinde Neider des Bräutigams, so wird das verhängnisvolle Erb-
schloß während des Segens dreimal auf- und zugeschlossen.

Zurück im Hochzeitshaus, ist der Tisch gedeckt, und nach der
üppigen Mahlzeit beginnt der Tanz. Im Anschluß an die Braut-
tänze findet der Brautlauf statt. Zwei junge Burschen nehmen die
Braut in ihre Mitte, der Bräutigam gibt ihr Vorsprung, und der
Brautlauf beginnt. Holt der Verfolger seine Braut nicht ein, so ist
ihm der Spott sicher. Der Braut wird am Ende des Laufs von zwei
Brautjungfern der Kranz abgenommen und eine Haube aufge-
setzt.

Nach Abendbrot und Tanz schleicht das Brautpaar sich in die

Kammer. Kurze Zeit später folgt die ganze Hochzeitsgesellschaft mit musikalischer Begleitung, um das Paar im Bett in Augenschein zu nehmen. Liegt der Bräutigam vorne, so legt man ihn an die Wand. Damit hat der erste Festtag ein glückliches Ende.

Am zweiten Tag findet nach Tisch der Kampf um das alte Spinnrad statt. Junge Burschen holen es aus dem Hause, wo es aufbewahrt wird. Die verheirateten Männer versuchen, es den Burschen abzunehmen. Viel gegessen und getanzt wird an diesem und auch am folgenden Hochzeitstag.

Hochzeitslader oder Prokurator

Nicht jeder Brauch eignet sich zur Nachahmung. Wenn wir uns jedoch die Elemente genauer ansehen, so können wir vielleicht überprüfen, ob sie uns, wenn nicht in der Form, so doch vielleicht im Inhalt ganz gut gefallen. Im Zeitalter der Einladungskärtchen hat der Hochzeitslader seine Funktion genauso verloren wie der Kammerwagen, der die Sachen der Braut ins neue Heim fährt. Aber vielleicht verdient die Tatsache, daß man vorhat, gemeinsam und verheiratet zusammenzuleben, doch eine gewisse symbolische Geste.

Mecklenburg

Der Küster zieht von Haus zu Haus und lädt die Hochzeitsgäste ein. In jedem Haus wird ihm etwas an die Kleidung genäht, ein Tuch, ein Band, getrocknete Sträußchen, bis er «as'n Peijatz», wie ein Bajazzo, aussieht. Am Abend vor der Hochzeit kommen die Frauen und Mädchen in das Brauthaus und helfen bei der Festvorbereitung. Plötzlich geht es draußen «bauts un bauts». Die männliche Dorfjugend wirft mit Steinen und Scherben so lange gegen die Haustüre, bis der Hausherr auf Rat des Küsters kapituliert und sich mit einer «Buddel» Wein den Frieden erkauft.

Am Hochzeitsmorgen sitzt die Braut in der ersten vierspännigen Kutsche. Sie wird begleitet von ihrem Gefolge: vier «Brudjunkfers» (Brautjungfern), vier «Spittsmäkens» (Spitzmädchen), vier «Bruddeners» (Brautdiener), zwei «Truleiders» (Trauführer), zwei «Gleitriders» (Begleitreiter) und zum Schluß noch zwei «Waogenhöllers» (Wagenhalter), welche verhindern müssen, daß der Brautwagen umstürzt, zum Beispiel bei der Verteidigung des Brauthahns. In der Mitte des Wagens, auf einer langen hölzernen Stange, ist ein faßförmiges Gestell angebracht. Obenauf steht der Hahn, ringsherum hängen an Bändern Äpfel und Nüsse herab.

Dem Brautwagen folgen die Musikanten in einer zweispännigen Kutsche. Die Braut ist auf dem Weg zur Schneiderin, die es versteht, mit den Zitternadeln die Brautkrone, den Schleier und die Rosette vor der Brust zu stecken. Die Musik bläst und geigt nach Leibeskräften, und die Braut wirft den jubelnden Passanten Äpfel zu. Ist ihr Schmuck vollendet und sind die Kutschen auf der Fahrt zurück zum Brauthaus, findet das Wettreiten nach dem Brauthahn statt. Wer ihn zuerst erreicht, ist König.

Unter dem Läuten der Kirchenglocken ziehen Braut und Gefolge in die Kirche. Wenn die Braut sich links am Altar aufgestellt hat, wird der Bräutigam mit seiner Avantgarde von Brautdienern «ok to Kirk blaos't», auch zur Kirche geblasen. Nach der Trauung geht es zurück ins Brauthaus zu einer überaus üppigen Mahlzeit. Dann spielt die Musik auf, und der Hochzeitsball beginnt und dauert bis zum frühen Morgen.

Große Heiterkeit entsteht durch den Auftritt eines verkleideten Paares. Nach einigen Tänzen erzählen sie ihre unglaubliche und abenteuerliche Geschichte und verschwinden unerkannt.

Westfalen

Die Ravensberger Bauern schenken einer Braut ein Gesangbuch und eine Kette mit Bernsteinperlen. Die Hochzeit findet nie an einem Montag, Mittwoch oder Freitag statt.

Ist die Braut in ihrem neuen Heim angelangt, wird sie von der Schwiegermutter nach einer uralten Sitte dreimal um den Herd geführt. Die Gäste überreichen ihre Geschenke, und gemeinsam, in einem festlichen Hochzeitszug, geht es zur Trauung in die Kirche. Vor der Kirche wird das frischgetraute Paar mit lauten Böllerschüssen, Jubel und Musik begrüßt. Die Dorfburschen versuchen, die junge Frau zu entführen, und die Brautführer versuchen die Entführung unter allen Umständen zu verhindern. Währenddessen wird der junge Ehemann von den geladenen Bauern geprügelt. Eine Lektion, die ihn lehren soll, seine Frau künftig nicht zu schlagen.

Der Bräutigam erwartet dann seine Braut an der Haustüre mit einem Brot und einem Krug Bier als Zeichen, daß er sie von nun an ernähren wird. Die Braut trinkt einen Schluck und bricht ein Stück Brot ab. Dieses Stück bewahrt sie in ihrer Brautlade auf. Schimmelt es innerhalb von einem Monat, nimmt die Ehe ein unglückliches Ende.

Nach dem Hochzeitsschmaus wird in der Tenne zum Tanz aufgespielt. Gegen Abend versuchen die Frauen, der Braut die «Weibermütze» aufzusetzen. Alle unverheirateten Mädchen und jungen Männer tun ihr Bestes, um das zu verhindern. Sitzt die Haube dann auf dem Kopf der Braut, wird sie im Tanz von den Frauen durch das ganze Haus geführt. So soll sie sich an ihr neues Heim gewöhnen. Zur Musik wurden die beliebten Volkstänze «Papen von Istrup» oder der «Siebensprung» getanzt. Zuletzt entführt der Bräutigam seine Frau in die Kammer.

Norwegische
Stachelbeertorte
(1884)

1 1/2 Liter (3 Schoppen) gute, rein gewaschene
und noch nicht völlig reife Stachelbeeren lasse
man in siedendem Wasser einmal aufkochen und
schütte sie dann auf ein Sieb, damit das Wasser
davon laufen kann. Man koche nun während dieser Zeit 370 Gramm Zucker mit einem Theelöf-
fel voll feingestoßenem Zimmet und der Hälfte
fein abgeriebener Citronenschale und 1/4 Liter
weißem Wein zu einem dicken Sirup ein, gebe die
Stachelbeeren nun dazu und lasse sie darin aufkochen und alsdann verkühlen. Während dieser
Zeit rühre man 125 Gramm frische Butter schau-
mig und gebe dazu nach und nach 10 Eiergelb,
125 Gramm feingestoßenen Zucker, 250 Gramm
feingeriebene Mandeln und 4 Stück feingestoßenen Zwieback. Wenn dies alles gut vereinigt ist,
gebe man die Beeren dazu, ebenso den Schnee
von 6 bis 8 Eiweiß, fülle dann gleich diese Masse
in die mit Butter bestrichene und mit Semmel-
brösel ausgestreute Tortenform ein und backe
sie langsam zu schöner Farbe. Nach ihrem Gebacken wird diese Torte mit feinem Zucker
bestreut.

Die Hochzeitsbräuche
der Völker

Europa

Skandinavien ist reich an Sagen, die auch die Hochzeitsbräuche beeinflußt haben. Die Furcht, die festlich geschmückte Braut könne eine Geisterbraut sein, war so groß, daß der beherzte Bräutigam seine Braut zu entzaubern suchte. Er schleuderte ein Messer über ihren Kopf, denn nur blanker Stahl bricht den Zauber. Berittene Bräutigamsführer begleiteten den Hochzeitszug und hieben mit dem Degen gegen böse Luftgeister. Gegen den Neid der Elfen trug man am besten Knoblauch und Valerina in den Taschen. Die Berge, die von Trollen bewohnt waren, wurden von dem Festzug vorsichtshalber weit umgangen, weil die Trolle alles versuchen, um die jungfräuliche Braut zu rauben.

Auf keinen Fall schenkt ein verliebter Isländer seiner Braut ein Messer, eine Schere oder Nadeln, weil das mit Sicherheit ihre Liebe zerschneidet. In Schweden ist es allgemeines Recht der Öffentlichkeit und bringt auf jeden Fall Glück, eine Braut zu betrachten. Entweder direkt nach der Kirche oder auch bei ihr zu Hause. Dazu muß man nicht notwendigerweise mit ihr bekannt sein. In Stockholm kamen wildfremde Leute selbstverständlich ins Haus, um die Braut zu besehen.

Durch das «Brautkronabtanzen» werden unter den Mädchen die zukünftigen Bräute sogar in ihrer Reihenfolge prophetisch verkündet. Die Braut tanzt mit verbundenen Augen, löst ihre Brautkrone und setzt sie aufs Geratewohl einem der sie umtanzenden Mädchen auf den Kopf. Ebenfalls mit verbundenen Augen gibt diese die Krone weiter an die zweite und diese an die dritte.

«Der Lappe hat kein Land und kein Haus», sagt ein Sprichwort des Volkes. War auch keine Kirche in der Nähe, pflegten die Eltern das Hochzeitspaar zu trauen. Mit einem Stück Eisen und einem Feuerstein schlugen sie Feuer als Symbol der Ehe und ihrer Mysterien.

In Estland, auf der anderen Seite des Finnischen Meerbusens, spielte die Feuer- und Wassergöttin eine wichtige Rolle. War die Braut in ihrem zukünftigen Heim angelangt, brachte sie den Göttinnen ein Opfer dar. Eine kupferne Münze für jede mußten sie haben. Die Braut brachte ihre Münzen an den Herd der «tule – ema» und an den Brunnen der «wete – ema». Im Brunnen war die Gabe sicher. Das Opfer für die Feuermutter konnte jedoch in einen bösen Zauber verwandelt werden, deshalb schützte eine Feuerwache während des ganzen Festtages den Herd der Braut.

Großbritannien

«Blest is the bride the sun shines on!» Glücklich die Braut, auf welche die Sonne scheint! Aus den alten Bräuchen hat sich ein Katalog von Unglücks- und Glückszeichen für den Bestand der Ehe erhalten. So wird davon abgeraten, sich nach Sonnenuntergang trauen zu lassen, weil das eine freudlose Ehe verheißt. In Schottland dürfen bei der Hochzeit keine grünen Kleider getragen werden, weil Grün die Farbe der «Fairies», der Elfenfeen, ist, und wer sich anmaßte, sie zu tragen, den traf das Verderben. Und aus dem gleichen Grund ist bis heute Kohl und anderes grünes Gemüse von der hochzeitlichen Festtafel verbannt. Eine ungleiche Anzahl von Hochzeitsgästen wird ebenfalls bis heute vermieden, weil es heißt, daß einer von ihnen im Laufe des kommenden Jahres sterben muß.

Verläßt die Braut das Elternhaus, wird ihr «for luck» der glücksbringende alte Schuh oder Pantoffel nachgeworfen. Ohne Hochzeitskuchen keine Hochzeit. Er ist dick, rund und besteht aus drei Lagen. Die erste aus weißem Zucker bedeutet Liebe, die zweite aus Marzipan Brautstand, die dritte aus alltäglichem «plumcake» (Rosinenkuchen) Ehestand.

Auch wenn es um die zeremonielle Ausgestaltung der Feierlichkeiten geht, wird an den Traditionen festgehalten. Eine dieser Sitten ist zum Beispiel, daß die Braut an ihrem Hochzeitstag etwas Altes, etwas Neues, etwas Geliehenes und etwas Blaues trägt (something old, something new, something borrowed, something blue). Das Alte steht für das vergangene Leben der Braut, das Neue für den Status als Ehefrau, das Geliehene für Freundschaft und das Blau für die Treue.

Dem Bräutigam steht während der Hochzeitsfeierlichkeiten sein «best man» zur Seite. Dieser «best man» ist mit unseren Trauzeugen vergleichbar, denn er hat die Aufgabe, den Bräutigam zur Kirche zu fahren und ihn in allem zu unterstützen.

Nach vollzogener Trauung fand das beliebte Rennen nach «something hot» statt. Sobald die Braut nach dem Verlassen der Kirche vom Bräutigam geküßt wurde, versuchten die Gäste als erste am Ort der Hochzeitsfeier anzulangen. Der Sieger gewann den «kail», eine gewürzte Brühe. In Schottland nannte man das Rennen «the running for the brose». Dieses «Reiten um die Brühe» fand unter Flinten- und Pistolenschüssen statt, was nicht selten zu Stürzen führte. Der Jubel war besonders groß, wenn ein Mädchen die Brühe gewann. Eine regionale Variante war das «Rennen um den Brautkuchen». Vor der neuen Wohnung des Paares war eine Stange aufgerichtet, auf deren Spitze der Kuchen steckte, den es zu gewinnen galt.

Estnisches Hochzeitslied

Schmück dich, Mädchen, eile Mädchen,
Schmücke dich mit jenem Schmucke,
Der einst deine Mutter schmückte.
Lege an dir jene Bänder,
Die die Mutter einst anlegte;
Auf den Kopf das Band des Kummers,
Vor die Stirn das Band der Sorge!
Sitze auf dem Sitz der Mutter;
Tritt auf deiner Mutter Fußtritt.
Weine, weine nicht, o Mädchen,
Wenn du bei dem Brautschmuck weinest,
Weinest du dein ganzes Leben.

«Vor die Stirn das Band der Sorge!
Auf den Scheitel Tuch der Trauer!
Rüstig! es wird draußen helle!
Rüstig! draußen dämmert Morgen;
Schlitten fangen an zu fahren,
Kufen fangen an zu tanzen.»

Nachdichtung von Johann Gottfried Herder

Frankreich

Eine alte französische Tradition ist das Rocklüften der Braut. Die männlichen Gäste zahlen dafür, daß die Braut ihren Rock ein wenig lüftet. Die weiblichen Gäste halten dagegen und zahlen dafür, daß sie ihn wieder senkt. Das wird so lange wiederholt, bis das Strumpfband der Braut zum Vorschein kommt. Derjenige, der zuletzt geboten hat, erhält das Strumpfband als Pfand. Früher wurde von diesem gebotenen Geld das Brautkleid bezahlt, und der Schneider wartete schon mit der Rechnung auf den Ausgang des Spiels.

In Marseille wurde die Hochzeit oft am Weihnachtsabend beschlossen. Im Kamin brannte der mit Öl und Wein getränkte Holzklotz. Familie und Freunde waren um Truthahn, Mandelkuchen und Muskatwein versammelt. An diesem Abend breitete sich eine versöhnliche Stimmung aus, und dann suchten sich die Blicke, die sich sonst nicht zu treffen wagten. Die Herzen verstanden einander und flogen sich zu.

Wenn aber der Liebhaber abgewiesen wurde, hieß es: «Sie haben mir das Scheit aufgerichtet», denn das Scheit trennte die Verbindung, die der Klotz symbolisieren sollte.

Im Departement de la Yonne liegen die Höhlen von Arcy. Die vierte Höhle wird Ballsaal genannt. Bis heute hat sich in der Gegend der Brauch erhalten, am zweiten Tag der Hochzeit mit der ganzen Gesellschaft dorthin zu ziehen. Unter der Erde zu Musik und zu Licht von Fackeln zu tanzen ist ein phantastisches Vergnügen, und dieser schöne Brauch verspricht Glück und Geborgenheit in der Ehe.

In der Region der Beauce bringen junge Mädchen der Neuvermählten in einem Korb zwei Tauben, die Braut und Bräutigam dann fliegen lassen.

Entrecôte auf Hamburger Art
(um 1850)

Von 1/2 bis 3/4 Kilogramm Zwischenstück eines jungen Ochsen, das aber schon einige Tage gehangen haben muß, schneidet man Knochen und Sehnen heraus und von dem Fleisch dann fingerdicke Scheiben; diese werden mürbe geklopft, mit Salz und Pfeffer bestreut und mit geriebener Semmel paniert. Zuvor hat man Petersilie, Schnittlauch, Estragon, Majoran und Basilikum fein gehackt: 1 Eßlöffel davon schwenkt man in 2 Eßlöffel kochender Butter durch und gibt eine Obertasse gute Fleisch- oder Bratenbrühe dazu. 2 Eßlöffel voll gehackter Kräuter vermischt man mit 2 Eßlöffel frischer Butter, aus der man kleine, runde Scheiben formt. Nun bratet man das Fleisch schnell in guter Butter auf beiden Seiten hellbraun, so daß es recht saftig bleibt. Die Fleischscheiben richtet man auf einer heißen, flachen Schüssel an, legt auf jede Scheibe ein Scheibchen Kräuterbutter und gießt die Kräutersauce darunter.

Hochzeit in Ungarn

In Ungarn heißt jedes Hochzeitshaus «königliches Haus». Die Hochzeit selbst wird «mittlere Ehrenbezeugung» genannt, denn die Tauffeier ist die «erste» Ehrenbezeugung und die Beerdigung die «letzte».

Bei den deutschstämmigen Ungarn haben sich die alten Bräuche am längsten erhalten. Die Verlobung wird mit einem Glas besten Weines besiegelt, dann bitten alle um Gottes Segen, und das Glas wird auf den Boden geworfen: «Möge die Heirat ebensowenig rückgängig gemacht werden, als dieses Glas jemals wieder ganz wird!»

Verläßt die Braut das Elternhaus, um sich auf den Weg zur Kirche zu machen, wird eine gereimte Rede verlesen, die von dem Abschied der Braut handelt. Die Ansprache übertreibt maßlos. Sie tut so, als würde die Braut nicht vor den Altar treten, sondern die Welt verlassen. Eltern, Geschwister, Freundinnen und Freunde, Verwandte und Bekannte brechen in ein lautes Wehklagen aus. Der Redner läßt sich durch diesen wahren Sturm des Jammers nicht beirren, kaltblütig trägt er die Verse, das Lob der Braut und den Schmerz des Verlustes, vor. Kaum hat er seinen Vortrag beendet, so verstummt auf der Stelle das Weinen und Schluchzen, und es bricht allgemeiner Jubel aus. Der Hochzeitszug setzt sich in Bewegung.

An der Tür der zukünftigen Wohnung des Paares bieten Frauen einen Teller Honig dar. Kosten die Hochzeiter davon, so hat die eheliche Liebe eine gute Chance, honigsüß zu werden.

Rumänien

Die Braut trägt einen langen goldenen Schleier und einen reichbestickten Gürtel, den nur der frischvermählte Gatte lösen darf. Verläßt die Braut das Elternhaus, gießt ihre Mutter ein volles Glas Wein auf die Erde.

In der Kirche steht das Brautpaar auf einem Teppich mit vielen ausgestreuten Münzen, zum Zeichen, daß Geld nicht so wichtig ist wie häusliches Glück.

Nach der Trauung empfängt die junge Frau auf der Hausschwelle alle, die ihr Glück wünschen, und besprengt sie mit Rosenwasser. Danach wirft sie Salz und Weizenkörner in alle vier Himmelsrichtungen.

In Siebenbürgen war es Brauch, daß das Hochzeitspaar nach dem Kirchgang getrennt feierte. Erst am zweiten Tag, nachdem das Paar die Nacht zusammen verbracht hatte, speisten sie gemeinsam, und die Braut zeigte sich zum erstenmal unverschleiert.

Bei den Walachen, einem Hirtenvolk, waren die Hochzeitsfeierlichkeiten weniger förmlich. Willigten die Eltern der oft sehr jungen Mädchen nicht ein, wurden diese entführt und die Eltern so lange bearbeitet, bis sie endlich zustimmten.

In der Ebene von Kaliásza fand am St. Peterstag ein sogenannter Mädchenmarkt statt. Mädchen samt Aussteuer wurden von ihren Eltern von den Bergen herab auf den Markt gebracht. Junge Männer mit Heiratsabsichten erschienen in ihren schönsten Kleidern und sahen sich die Mädchen an. Gefiel ihnen eins, fingen sie an zu handeln. Ein Handschlag zwischen Freier und Vater besiegelte die Angelegenheit. Ein Pope wurde gerufen, der sogleich die Trauung vollzog, und am selben Abend nahm das Mädchen Abschied von ihren Eltern und folgte dem Mann, den sie gerade ein paar Stunden kannte, in ihre neue Heimat.

Zwillinge 👥
21. Mai bis 21. Juni

Das Sternzeichen Zwillinge ist ein Luftzeichen, und wie alle Luft-Geborenen sind die Zwillinge lebhaft und anregend. Sie setzen ihre Energien vielseitig ein, und ihre Gefühle und Vorstellungen sind vergeistigt. Beherrscht wird das Sternzeichen vom Planeten Merkur. Er schenkt Gewandtheit, Sprachbegabung, Intelligenz, aber auch Wankelmut und Sprunghaftigkeit.

Zwillinge sind oft gute Redner und brillante Erzähler. Sie sind reiselustig, anpassungsfähig und lebhaft. Vieles nehmen sie nicht so ernst, und Liebeskummer ist ihnen eher fremd. Ihre ständige äußere und innere Bewegung hat zur Folge, daß manches nur oberflächlich erlebt oder erledigt wird. Zwillings-Geborene lieben die Abwechslung. Treu sind sie deshalb nur einem Partner, der es versteht, sie immer wieder neu zu faszinieren. Sie sind auch launisch, und obwohl ihre Grundstimmung eher fröhlich und optimistisch ist, können sie aus heiterem Himmel düsteren Stimmungen verfallen. Weibliche Zwillinge sind neugierig und sehr charmant. So bleibt zu hoffen, daß auch der Partner nicht langweilig ist, wie zum Beispiel der aktive und lebhafte Widder. Zwillinge und Widder ergänzen sich besonders gut. Auch mit dem Skorpion kann sich der Zwilling gut amüsieren, es sei denn, er entmutigt ihn durch ständige Flirts. Traumpartnerschaften sind mit Schütze, Waage, Wassermann und Löwe möglich, denn sie sind tolerant und gelassen genug, ihrem Zwilling die nötige Freiheit einzuräumen und auf kleinliche Kontrolle zu verzichten. Auch Zwilling und Zwilling können miteinander glücklich werden, wenn sie bereit sind, ihrem Wunsch nach Abwechslung etwas Dauer hinzuzufügen. Steinbock, Stier und Jungfrau geben dem Zwilling den nötigen Halt. Mit einem Fische-Partner kann der Zwilling seine Phantasie entfalten und spirituelle Erfahrungen machen. Doch er sollte sich hüten, mit den Gefühlen des Partners zu spielen. Das gleiche gilt auch für den Krebs.

Glücksbringer für den Zwilling sind Tigerauge, Citrin, Goldtopas, Bernstein und Chalcedon.

Der Krebs
22. Juni bis 22. Juli

Das Sternzeichen Krebs ist ein Wasserzeichen, und wie alle Wasser-Geborenen ist der Krebs gefühlsbetont. Krebse sind sehr empfindlich, ihre Gefühlswelt ist reich und tiefgründig. Der Herrscher dieses Zeichens ist der Mond. Er bringt Phantasie, Hingabe und Empfänglichkeit ins Spiel. Weil Krebs-Geborene leicht beeinflußbar sind, neigen sie zu schwankenden Stimmungen.

Als Liebhaber ist der Krebs-Mann zärtlich und umwirbt seine Partnerin mit größter Geduld. Manchmal ist er etwas konservativ, denn er achtet sehr auf Konventionen und Tradition. Im Sternzeichen des Krebses Geborene sind friedliebend. Sie gehen Streitereien möglichst aus dem Weg. Leider neigen sie dazu, ihren Ärger aufzustauen, und können daher sehr nachtragend sein. Sie lassen sich auch kaum von ihren Vorstellungen und Zielen abbringen, die sie ganz im stillen mit großer Beharrlichkeit und Ausdauer verfolgen. Trotzdem können sie spontan reagieren und ihre Partner überraschen.

Krebs-Frauen lieben es romantisch. Sie lassen sich gern erobern und nehmen sich viel Zeit, bevor sie bereit sind, eine feste Bindung einzugehen.

Männliche und weibliche Krebse sind Lebenskünstler. Sie genießen den Augenblick und wissen sehr genau, was gut für sie ist. Sie richten deshalb ihr Leben so ein, daß es bei geringstem Geld-, Zeit- und Energieaufwand ein Höchstmaß an Genüssen bietet. Das ist auch einer der Gründe, warum sie die Ehe schätzen.

69

★ Krebs-Geborene heiraten immer aus Liebe. ★
Krebs und Krebs verbinden sich selten zu einem
idealen Paar, denn eine solche Beziehung wird
★ leicht von Lethargie gelähmt. Ähnliches gilt auch ★
für die Verbindung mit dem Fisch. Anders der
★ Skorpion. Der bringt den Krebs auf Trab. Harmo- ★
nie und Häuslichkeit genießt der Krebs mit dem
★ Steinbock, dem Stier und der Jungfrau. Hier bekommt er die Geborgenheit, nach der er sich
★ sehnt. Auch mit der Waage fühlt er sich wohl, ★
während die Beziehungen zu Widder, Löwe und
Schütze ihm tendenziell zu stürmisch sind. Der
★ Zwilling muß dem Krebs einen Teil seiner Flat- ★
terhaftigkeit opfern, und der Wassermann sollte
nicht allzu untreu sein. ★
★ Amulette für den Krebs sind Opal, Mondstein,
★ Jade, Nephrit und Chrysokoll. ★

Polen

Im Frühling ließen die Mädchen durchblicken, wem ihr Interesse
galt, und schenkten dem Auserwählten verzierte Eier. Auf dem
Land wurde sehr jung geheiratet. Denjenigen, die sich während
der Faschingszeit nicht binden wollten, wurden Kalkkarikaturen
an ihre Häuser gemalt. Die Jungen machten den Mädchen
während der Faschingszeit kleine Geschenke, Broschen und Ketten, manchmal auch Heiligenmedaillen. Nach der Verlobungszeit
wurden die Vorbereitungen für die Hochzeit getroffen. Das
Mädchen nähte das Brauthemd für ihren zukünftigen Mann
selbst. Einige Tage vor der Zeremonie wurden die Ruten für den
Zeremonienstock geschnitten. Die vierzig Zentimeter langen Ruten waren aus dem Holz junger Tannen und Obstbäume. Sie wurden mit weißen Federn und buntfarbenen Papierstreifen verziert.

Während der Hochzeit trug der Zeremonienmeister diesen Stab. Sollten die Neuvermählten glücklich werden, mußte dem Zeremonienmeister dieser Stab geraubt und dann gebrochen werden.

Rußland

Peter der Große ordnete an, daß eine Ehe nicht geschlossen werden dürfe, wenn die betreffenden Personen damit nicht einverstanden wären und sich mindestens sechs Wochen vor der Heirat kannten. Oft genug wurden aber auch nach diesem Erlaß Kinder von den Eltern verheiratet. Im Sprachgebrauch drückte sich das darin aus, daß der Bräutigam der «Bestimmte» genannt wurde. Die Trauung hieß «Gottes Entscheidung». Um diese Entscheidung herbeizuführen, war es auch in Petersburg noch lange Brauch, heiratsfähige Töchter am zweiten Pfingsttag im Sommergarten zur Brautschau auszustellen. Die Mädchen waren reich geschmückt. Zwischen den interessierten jungen Bewerbern und den Mädchen entspannte sich der immer gleiche Dialog:
«Du bist schön!» «Ja.»
«Du bist reich?» «Ja.»
«Du bist fromm?» «Ja.»
«Du liebst den Kaiser?» «Ja.»
«Niemand von dir ist in Sibirien?» «Nein.»
«Du hast keine versteckte Krankheit?» «Nein.»
Wenn dann alles geklärt war, stand einer Heirat nichts mehr im Wege. Meist fand diese nach dem ersten Oktober statt.

Am Tag vor der Hochzeit werden die Eltern um ihren Segen gebeten, danach nehmen Braut und Bräutigam in ihren jeweiligen Elternhäusern ein Bad. Die Eltern stellen währenddessen Brot, Salz und Becher mit Kwaß auf den Tisch, segnen das Mahl, und die Gäste essen davon. Die Braut ißt mit ihren Gefährtinnen nach dem Bad und dankt dann ihrerseits ihren Eltern für Salz und Brot.

Seit der Auflösung der Sowjetunion werden die alten Traditionen wieder lebendig. In den GUS-Staaten gibt es über hundert verschiedene Religionsgemeinschaften: russisch-orthodoxe, islamische, buddhistische, jüdische, um nur einige zu nennen. Damals wie heute jedoch gilt: eine Hochzeit dauert oft mehrere Tage. Es wird so üppig wie möglich gefeiert, und die Gemeinschaft wird mit einbezogen. Ein Sprichwort sagt:

«Was ist das für eine Hochzeit, welche nur zwei Tage währt? Wär' es eine ganze Woche, wär' es noch der Mühe wert.»

Auf der Nordseite der Karpaten beginnt die wichtigste Zeremonie des Hochzeitsfestes unmittelbar nach der Trauung. Unter allgemeinem Jubel tanzt der Bräutigam mit der ersten Brautführerin. Die Eltern des Bräutigams befestigen das Ende des Zopfes der Braut mit einem Nagel an der Wand. Die Axt in der Hand, tanzt der junge Gatte auf sie zu, und dann heißt es gewandt mit einem Hieb den Zopf zu durchtrennen. Erst dann wird er in die Gemeinschaft der Männer aufgenommen. Gelingt es ihm nicht, den Zopf zu durchtrennen (an die Möglichkeit, daß er den Kopf seiner geliebten Braut trifft, wollen wir gar nicht denken), übergießen die Männer ihn mit Wasser, um einen möglichen bösen Zauber, der auf der Ehe liegen könnte, zu brechen.

Bulgarien

Rot ist auch in Bulgarien die Farbe der Braut und der Hochzeitszeremonie selbst. So trägt die Frau ein rotes Hochzeitskleid und rote Schuhe, es wird eine rote Hochzeitsfahne geschwenkt, und der Raum ist mit roten Blumengirlanden geschmückt.

Für das traditionelle Brautbad werden glühende Kohlen in das Badewasser geworfen, und die Brautmutter hält einen roten Gürtel, über den das Brautpaar springen muß. Brautpaar und Hochzeitsgäste trinken süßen roten Schnaps. Das bulgarische Wort für Braut ist «bulka», was gleichzeitig Klatschmohn heißt.

Griechenland

In Griechenland gelten Dienstag und Freitag als Unglückstage, Glück bringen Hochzeiten am Sonntag und Donnerstag. In Arkadien besuchten die Brautleute am Fest des heiligen Georg in aller Frühe die Kapelle des gleichnamigen Heiligen, um aus den Händen des Bischofs die geweihten Weinlaubkronen zu empfangen, mit denen das Brautpaar bekränzt wurde. Dann schworen sie sich gegenseitig Treue. Am Abend vor dem Kirchgang wurde die Braut in das Bad geführt. Am nächsten Morgen flochten ihr die Frauen Goldfäden ins Haar, banden es mit einem Purpurband zusammen und schminkten die Braut.

Den Tag über wurden Gäste mit Geschenken empfangen und bewirtet. Die Trauung fand dann am Abend im Haus der Braut statt. Sie wartete, das Gesicht mit einem weißen Schleier verhüllt und umgeben von den Paranymphen, den Brautmädchen, auf den Bräutigam. Nach dem anschließenden Festmahl zogen sich die Gäste zurück.

Zwei Tage wurde festlich getafelt und getanzt. Eine Musikkapelle begleitete Braut und Gäste auf ihrem Weg zum Haus des Bräutigams. Die Schwiegermutter empfing die Braut an der Tür und schenkte ihr einen Topf Honig. Früh am dritten Tag beging man die Feier des «Brunnens». Schwiegermutter, Freundinnen und weibliche Verwandte führten die Braut zum Brunnen. Hier schöpfte sie mit einem besonderen Gefäß Wasser und warf verschiedene Eßwaren und Brotkrumen in die Quelle. Die Frauen beendeten das Fest mit Tänzen um den Brunnen.

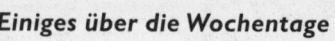

Einiges über die Wochentage

Bevor Sie einen Wochentag für Ihre Hochzeit festlegen, sollten Sie einiges über deren Bedeutung wissen: In Europa tragen fast alle Tage die Namen römischer Götter oder entsprechender Planeten. Und auch außereuropäische Kulturen ordnen die Wochentage schöpferischen Prinzipien zu.

Fast überall auf der Welt beginnt die Woche mit dem Sonntag, dem Tag, der auch astrologisch gesehen unter dem Einfluß der Sonne steht. Die Sonne repräsentiert das Selbst, den Geist, die Individualität. Sie steht für das Feuer, das Licht und die Schöpfung.

Der Montag, der Tag des Mondes, repräsentiert Weiblichkeit und Fruchtbarkeit. In vielen außereuropäischen Kulturen wird er zusätzlich mit Handel und Geld in Verbindung gebracht und gilt als günstiger Tag für die Eheschließung.

Der Dienstag ist der Tag des Kriegsgottes Mars. Im französischen Mardi ist das noch deutlich zu erkennen. Mars verkörpert als Sohn der Sonne und als Ehegatte der Venus aktive männliche Kraft und Potenz. Da Gott in der jüdisch-christlichen Tradition bei der Erschaffung am Dienstag zweimal «sah, daß es gut war», ist auch der Dienstag für die Hochzeit sehr zu empfehlen.

Mittwoch, die Wochenmitte, ist dem Götterboten Merkur geweiht. Er gilt als Vermittler zwischen den Gegensätzen, dem Oben und dem Unten, der göttlichen und der menschlichen Welt. Seine Aufgabe ist es, den

Menschen aus dem animalischen Reich zu befreien. Die merkurische Energie vermittelt auch zwischen Körper und Geist, fördert die Vernunft und alle intellektuellen und erfinderischen Fähigkeiten.

Der Donnerstag, Thursday, ist nach dem germanischen Gott Thor benannt und auch dem römischen Gott Jupiter geweiht. Jupiter ist der König der Götter, deshalb wird der Donnerstag auch kleiner Sonntag genannt.

Der deutsche Freitag und der englische Friday bekamen ihren Namen von der germanischen Liebesgöttin Freia. Auch im französischen Vendredi klingt die römische Liebesgöttin Venus an. Der Freitag gilt daher als Tag der Liebe.

Der Samstag, Saturday, bekam seinen Namen von dem römischen Gott Saturn und symbolisiert Anfang und Ende zugleich. Das ist das Prinzip der kosmischen Schlange, die ihr eigenes Ende frißt. So steht der Samstag für die ewige Erneuerung der Schöpfung.

In der englischen Grafschaft Durham werden mit folgenden Reimen die Glücks- und Unglückstage fürs Heiraten bezeichnet.

Monday for wealth,	Montag macht reich,
Tuesday for health,	Dienstag gesund,
Wednesday the best day of all;	Mittwoch ist von den Tagen der beste;
Thursday for losses,	Donnerstag ist zum Verlieren,
Friday for crosses,	Freitag zum Vexieren,
And Saturday no luck at all	Und Samstag bringt gar kein Glück zum Feste.

Die Fastentage werden als Unglückszeit betrachtet.

If you marry in Lent   Wenn Ihr in den Fasten freit
You will live to repent   Reut's Euch die ganze Lebenszeit

In Schottland gilt der ganze Januar als ungünstig für eine Heirat. Es bringt außerdem Unglück, das Aufgebot zu Jahresende zu bestellen und erst im folgenden Jahr zu heiraten. Am schlimmsten jedoch ist der Mai. Und am allerschlimmsten der vierzehnte Mai. Die Furcht vor diesem Tag stammt wahrscheinlich daher, daß der vierzehnte Mai der «alte Maitag» ist, der heute auf den dreizehnten Mai fällt. In Schottland heißt dieser Tag «Beltane» oder «Beltein». In Irland «la na Beal tina» genannt, wird an diesem Tag mit einem Feuer das Frühlingsfest Bels gefeiert.

«The tymes of weddinges when it beginneth and endeth», die Heiratszeiten, wenn sie beginnen und enden, werden in einem alten Kalender für Gloucester vom vierzehnten bis zum einundzwanzigsten Januar und vom zweiundzwanzigsten Mai an empfohlen. Hundert Jahre später sind es der zweite, vierte, elfte, neunzehnte und einundzwanzigste Januar, und im Mai der zweite, vierte, zwölfte, zwanzigste und dreiundzwanzigste, die sich hervorragend zum Heiraten eignen, weil an diesen Tagen die Frauen besonders zärtlich und liebevoll sein sollen.

Auf den Orkneyinseln wird nur bei zunehmendem Mond und bei Flut geheiratet. In ganz England gilt der Tag der Unschuldigen Kindlein als Unglückstag, und es wird nicht angeraten, diesen Tag als Hochzeitstag zu wählen.

Auf der Insel Sardinien blieben die alten Bräuche lange unverändert. Weder die standesamtliche noch die kirchliche Trauung hatte den verbindlichen Stellenwert. Die Vermählung galt als vollzogen, wenn das Paar nach dem Kirchgang im Haus der Braut mit einem Löffel aus einem Teller gemeinsam Suppe zu sich nahm.

Im Haus des Bräutigams streut die Schwiegermutter vor der Braut eine Handvoll Salz und Getreide aus und gießt ein Glas Wasser auf den Boden, ehe die Braut das Schlafzimmer betritt.

Auf Sizilien ist es üblich, das Brautpaar nach dem Verlassen der Kirche mit Weizen zu bewerfen. Danach erhält es als weiteres Zeichen der Fülle einen Löffel Honig.

In Ancona findet die Hochzeit am Donnerstag statt. Die Braut wird mit Konfetti beworfen. Hier und in mehreren piemontesischen Orten, in Umbrien und bei Fano kehrt die Braut nach der Hochzeitsfeier in ihr Elternhaus zurück. Bis zum Sonntag wird das eheliche Glück verzögert.

Die Zeit des Karnevals ist in ganz Italien die beliebteste Heiratssaison. Der Mai wird in der Toscana «der Monat der Esel» genannt und nicht zum Heiraten empfohlen.

Zita majulina nun si godi la curtina.

Maibraut wird der Ehe nicht froh, sagt man auf Sizilien und fürchtet auch noch den August. Ein Sprichwort, das man in ganz Italien hört, warnt vor den Tagen des Mars und der Venus, vor Dienstag und Freitag:

Né di Venere, né di Marte
Non si sposa, né si parte.
Weder am Freitag, noch am Dienstag
Muß man freien oder reisen.

Spanien

Wenn sich die Eltern und das Paar über die bevorstehende Hochzeit bereits einig waren, wurde die Werbung im traditionellen Spanien noch einmal nachinszeniert. Der inoffiziell bereits verlobte Mann begab sich mit all seinen Freunden, Musikanten und Fackelträgern zum Haus der künftigen Braut und prics sie nach allen Regeln der Kunst. Ein Brauch, der auch heute noch gut gefallen würde. Das Mädchen genoß diese öffentliche Verehrung, öffnete das Fenster und hörte zu. Danach wurde die Verlobung mit einem Festessen und anschließendem Tanz gefeiert. Jetzt waren sie «novio» und «novia», Bräutigam und Braut. In Kastilien findet die Hochzeit meistens am Samstag und fast nie an einem Dienstag statt. In Valencia wird sie im Mai oder Juni gefeiert, und in fast allen Städten findet die Trauung in den Abendstunden statt. Eine weiße Blume an der Brust und einen Kranz Orangenblüten trägt die Braut in Kastilien, rote Rosen und Nelken in Andalusien. Die Hochzeitstafel und der anschließende Tanz finden meistens im Freien statt. In Valencia wurde sogar das Brautbett auf der Veranda unter einer Blumenlaube und unter dem Sternenhimmel aufgeschlagen.

Jüdische Verlobung und
Vermählung

Die Entscheidung zur Verlobung wird ohne Zeugen getroffen und kann ohne rechtliche Folgen von einem oder beiden Beteiligten wieder aufgehoben werden. Sie ist kein Bündnis wie die Ehe. Die Verlobung selbst, Erusin, Anloben, genannt, ist ein Bündnis mit weitreichenden rechtlichen Folgen und entspricht dem Aufgebot. Sie findet nicht als getrennte Handlung statt, sondern ist in die Trauung integriert: Verlobung und Trauung folgten normalerweise unmittelbar aufeinander.

Auf ihrem Weg zur Trauung wurde die Braut früher mit Musik, Tanz, Gesang und Lobpreisungen begleitet. Die Weisen unterbrachen ihre Studien und nahmen am Brautzug und am Hochzeitsfest teil. Das Brautpaar galt als König und Königin. Die Bedeutung, die die jüdische Lehre der Freude angesichts von Glücklichen beimißt, kann nicht nachdrücklich genug betont werden. Diese Lehre ist auch heute noch gültig. Es ist Brauch, daß Arme ihren Anteil an der Freude erhalten, auch wenn die Feierlichkeiten in der Öffentlichkeit nicht mehr so präsent sind.

Aber nicht nur der Aspekt der Freude, auch die Ernsthaftigkeit ist im Hochzeitsritual verankert. Am Hochzeitstag fastet das Paar von Tagesanbruch bis zum Vollzug der feierlichen Handlung. Das Fasten bedeutet, das Leben zu heiligen und die Gedanken auf den großen Versöhnungstag zu lenken, denn hier beginnt das gemeinsame Leben. Kurz vor der Trauung betet das Paar das Mittagsgebet der Brautleute.

Es gibt Zeiten im jüdischen Jahr, in denen keine Hochzeiten gefeiert werden. Dann wiederum gibt es Tage, an denen nicht gefastet werden darf. Das Fasten ist nicht sehr beliebt, und so wird der Hochzeitstag oft auf ein Datum gelegt, an dem das Gesetz das Fasten untersagt.

Eesh und Esha

Auf hebräisch ist sowohl das Wort für Mann, Eesh, als auch das Wort für Frau, Esha, aus drei Buchstaben zusammengesetzt. Zwei davon sind gleich. Esh bedeutet Feuer. Der Talmud erklärt dazu, daß, wenn Mann und Frau in Harmonie zusammenleben, Gott als das Dritte in dieser Verbindung gegenwärtig ist, wenn es in dieser Verbindung aber keine wirkliche Einheit gibt, bricht sie entzwei, und es bleibt das verzehrende Feuer.

Es heißt übrigens auch, daß, wenn nur ein einziger Mann und eine einzige Frau auf der Welt wirklich in Frieden leben, die ganze Welt friedlich wird.

Bei der Trauung werden Segenssprüche und heilige Worte gesungen, aber sie bilden nicht den Kern der Zeremonie. Die jüdische Trauung ist eine zivilrechtliche Handlung. Sie beinhaltet keine Sakramente. Ein Jude und eine Jüdin heiraten nach den Gesetzen des Staates, anschließend wird die Ehe nach jüdischem Recht geschlossen.

Das jüdische Recht kennt bei der Eheschließung drei Rechtsmittel: Kessef, Geld, das ist die Übertragung eines Gegenstandes von gewissem Wert; Schetar, das heißt Urkunde; und Biwah, Zusammenwohnen unter einem Dach. Das jüdische Anloben, Erusin, wird durch die beiden ersten Rechtsgeschäfte vollzogen. Alle Handlungen finden in Anwesenheit der Behörde und zweier Zeugen im Gemeindehaus, in der Synagoge, in einem Saal, zu Hause oder im Freien statt. Die Handlung wird von dem «Einsegner» geführt, dem Ba'al Kidduschin, dem Herrn der heiligen Zeremonie.

Die Feier wird mit dem Mittagsgebet eingeleitet. Danach spricht das Brautpaar leise das Achtzehngebet. Die Braut hält sich dabei mit ihrer Mutter und den weiblichen Verwandten in einem anderen Raum auf als der Bräutigam. Dann führen die Begleiter die Brautleute zusammen. Man wünscht ihnen Glück und Segen, und sie werden mit einigen Weizenkörnern bestreut, die die Fruchtbarkeit symbolisieren.

Die Chuppah, der Baldachin oder Brauthimmel, steht da, wo die Hochzeit stattfinden soll. Die Bedeutung des Wortes ist Heiligtum, wortwörtlich heißt es Bedeckung und symbolisiert das Dach des neuen Hauses, das das Paar begründet. In einer feierlichen Prozession wird das Paar von seinen Paten zur Chuppah begleitet. Die Zeugen haben vor der Zeremonie den Bräutigam bei der Unterzeichnung des Ehevertrages überwacht und ihrerseits unterschrieben. Damit bestätigen sie, daß Braut und Bräutigam vor ihnen erschienen sind und die Bedingungen einer rechtsgültigen Heirat erfüllt sind. Sie haben sich ebenfalls davon überzeugt, daß der Ring vorhanden ist.

Das Gesetz verlangt, daß der Bräutigam seiner Braut Kessef gibt, was auf hebräisch Silber heißt. Es bezeichnet einen Gegenstand von Wert und ist auch heute noch kein aufwendiges Schmuckstück, sondern ein einfacher goldener Trauring.

Der Rabbiner eröffnet die Zeremonie. Er spricht einleitende Worte und segnet den Wein. Braut und Bräutigam trinken aus demselben Becher, denn von jetzt an leeren sie den Kelch des Lebens gemeinsam. Nach der Weihung steckt der Bräutigam der Braut den Ring an den Zeigefinger der rechten Hand. Auf hebräisch sagt er: «Mit diesem Ring bist du mir anvertraut nach dem Gesetz Mose und Israel.» Und damit ist der erste Teil der Zeremonie, Erusin oder Anlobung, vorüber.

Es folgen sieben Segnungen. Sie weihen die Eheschließung. Das frischverheiratete Paar zieht sich in einen stillen Raum zurück;

um die erste gemeinsame Mahlzeit einzunehmen. Die Segnungen enden mit: «Gesegnet seist du, o Herr, der du den Bräutigam sich mit der Braut freuen läßt.» Und das Paar trinkt abermals Wein aus dem gleichen Becher.

Danach zertritt der Bräutigam das Glas. Dieses Ritual hat nichts mit der Gültigkeit der Eheschließung zu tun. Es symbolisiert die Verbannung des Volkes Israel. Ist das Klirren des Glases verklungen, werden die Glückwünsche der Verwandten, Freunde und Gäste laut und gipfeln in dem Ausruf: Masal tow! Viel Glück!

Es wird getanzt und gespielt. Beim Hochzeitsmahl trat in der alten Zeit ein Spaßmacher, ein Badchan, auf, der die Mahlzeit mit Witz und Geist zusätzlich würzte. In manchen Familien dauert die Hochzeit eine ganze Woche. Sieben Tage wird mit dem Paar festlich gegessen und gefeiert, dazu werden immer neue Gäste eingeladen. Und an jedem Tag erklingen, wie am Hochzeitstag, nach dem Tischgebet die sieben Segenssprüche.

Islamische Länder

Hier wird die Hochzeit im Haus der Braut ausgerichtet. Während der Zeremonie werden die Hände des Brautpaares so aneinander gelegt, daß sich die Daumen berühren. Das Paar bleibt in dieser Haltung, während der Imam und die Hochzeitsgesellschaft das Anfangskapitel des Koran rezitieren. Je mehr Gäste anwesend sind, desto besser, denn je mehr Anwesende die Zeremonie bezeugen können, desto glücklicher wird die Verbindung sein. Beim anschließenden Festessen mit Tanz – oft ist auch eine Bauchtänzerin unter den Gästen – ist es üblich, der Braut Geldscheine als Hochzeitsgeschenk an ihr Kleid zu heften.

Türkei

Geburt, Heirat und Tod bilden die drei wichtigsten Übergänge unseres Lebens. Die Riten für den Übergang vom Ledigen- in den Verheiratetenstand sind in der Türkei sehr ausgeprägt. Diese reiche Kultur ist durch viele geschichtliche Verbindungen und Einflüsse entstanden. Um die heutigen Hochzeitsbräuche und die Stellung der Frau zu verstehen, muß man die wichtigsten Traditionen der vorislamischen Turkvölker und des Islams berücksichtigen. Die Frau war bei den Turkvölkern sehr geachtet, und auch der Koran gibt den Frauen Rechte.

Dem Hochzeitsgeld fällt eine wichtige Rolle zu. Es besteht aus den Hochzeitsgeschenken, Land, Geld, Schmuck, und garantiert der Frau eine Entschädigung im Falle der Ehescheidung.

Es ist nahezu unmöglich, eine früher vierzig Tage und Nächte währende Palasthochzeit zu beschreiben. Aber auch eine Dorfhochzeit dauerte drei Tage und drei Nächte. Heute noch unterscheiden sich Hochzeiten in Dörfern und Städten. Im Dorf kann jeder zur Hochzeitsfeier kommen. In der Stadt gibt es verschiedene Möglichkeiten. Alle Gäste werden in einen besonderen Hochzeitssaal, in ein Lokal oder ein Hotel eingeladen, oder man feiert im großen Kreis vor dem Standesamt und mit einem kleineren am gleichen oder folgenden Tag.

Bei der religiösen Eheschließung und Segnung vor dem Imam erscheinen nur das Brautpaar, die Eltern und zwei Trauzeugen. Am frühen Morgen geleiten zwei Verwandte das Brautpaar in die gemeinsame Wohnung. Bei den Feierlichkeiten wird gespeist und getrunken, und die zahlreichen Gäste vergnügen sich an Volks- und Gesellschaftstänzen.

Die Hochzeitsfeiern auf dem Dorf dauern wie früher meistens drei Tage. In aller Regel beginnen sie am Donnerstag. Am ersten Tag wird die türkische Fahne gehißt, die Männer tragen Wettkämpfe aus, und am Abend wird getanzt. Die Frauen feiern im Haus der Braut die Henna-Zeremonie und tanzen und singen unter sich. Am nächsten Tag kommt die ganze nähere Verwandtschaft des Bräutigams, um die Braut abzuholen. Sie wird aufwendig bewirtet, während die Frauen unter Gesang und Segnungen die Braut schmücken und den reichen Kopfschmuck arrangieren. Von diesem Zeitpunkt, bis zum Nachmittag, wenn sie ihren Bräutigam sieht, spricht die Braut mit niemandem mehr.

Bevor die Braut das Elternhaus verläßt, findet dort eine kurze, aber wichtige Zeremonie statt. Der Vater der Braut legt seiner Tochter einen Gürtel um die Taille und gibt ihr dabei einen Rat, der darin besteht, immer die Hand, die Taille und den Mund fest geschlossen zu halten. Dieser Gürtel wird über Generationen an die Töchter oder Schwiegertöchter weitergegeben.

Bevor das Mädchen sich auf den Weg macht, küßt sie ihren Verwandten die Hand und versucht mit kleinen Gaben, ihre Freundinnen und Verwandten zu bewegen, ihr den Weg freizugeben. Während ihres Auszugs aus dem Elternhaus sprechen ein oder zwei Imame Gebete, desgleichen beim Einzug in das Haus des Bräutigams. Im Auto oder auf dem Pferd mit Musikbegleitung und einem symbolischen Schutz von vorausfahrenden Männern und sie begleitenden Frauen fährt die Braut ihrem Bräutigam entgegen.

Auch der Bräutigam ist währenddessen von seinen Freunden rasiert und angekleidet worden. Einer der Freunde muß verheiratet sein, denn er hat die Aufgabe, dem Bräutigam zu erklären, wie er sich in der Hochzeitsnacht der Braut gegenüber verhalten soll. Vater und Sohn gehen der Braut entgegen. Sie erhält ein wertvolles Geschenk und verläßt daraufhin den Wagen oder steigt vom Pferd. Dann führt der Bräutigam seine Frau am Arm zu seinem Haus. Sobald sie die Schwelle des neuen Hauses überschritten hat, nimmt sie Butter und Honig in die mit Henna rot gefärbte rechte Hand. Dann drückt sie die Handfläche gegen die Tür und taucht sie dann in einen Sack Mehl. Diese Tradition soll künftigen Reichtum verheißen. Die Fruchtbarkeitssymbole Reis, Weizen, Nüsse und Bonbons werden dann in die Menge und über die Köpfe des Paares geworfen.

Das Paar betritt das Brautgemach in Begleitung von einigen Tanten. Hier lüftet der Bräutigam den Schleier der Braut, und sie erhält ein weiteres Geschenk. Jetzt darf die Braut wieder sprechen. Braut und Bräutigam trinken gemeinsam etwas Scherbett. Sie unterhalten sich kurz. Dann verläßt der Bräutigam den Raum. Draußen wirft er Münzen in die Menge. Mit den Vätern und den Trauzeugen geht er zum Abendgebet in die Moschee. Anschließend findet im Haus die religiöse Eheschließung mit dem Imam statt, bei der die Braut, anders als in der Stadt, nicht anwesend ist. Währenddessen bereitet eine Tante die Braut auf die bevorstehende Hochzeitsnacht vor. Oft geschieht dies auch am Vortag der Hochzeit, wenn die Braut mit ihren Schwestern und Tanten einen Tag im Bad zubringt. Während der Reinigung, der Haar- und Körperpflege und den Massagen reden die Frauen auch über Sexualität.

Nach dem Gebet des Imams wird getanzt und gegessen, und der Bräutigam wird von einer älteren Frau in das Schlafgemach geleitet. Auf dem Weg muß er schmerzhafte Hiebe von seinen

Freunden einstecken. Sie sollen ihn ermahnen, mit seiner Frau in der Nacht sanft umzugehen. Das Paar spricht vor dem Zubettgehen ein Abendgebet. Am Morgen übergibt eine Tante der Mutter des Mannes ein Stück blutiges Laken als Beweis für die Jungfräulichkeit der Braut und bekommt dafür ein kleines Geschenk. Drei Tage später erhält die Braut von der Schwiegermutter den Kopfschmuck, den die verheirateten Frauen tragen.

 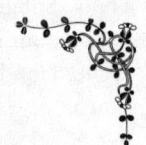

Das Bad und die innere Reinigung

In manchen Kulturen ist die Zeit zwischen Verlobung und Hochzeit eine besondere Zeit für die Reinigung des Selbst, die von vielen rituellen Handlungen begleitet wird. Das Heiraten gehört zu den wichtigsten Durchgangsriten. Sie regeln den Übergang vom Status des Kindes, das Alter spielt da keine Rolle, zu dem eines unabhängigen Haushaltsvorstands. Dieser Prozeß wird von einer Läuterung eingeleitet.

In unserer Zeit könnte Selbstreinigung darin bestehen, sich von alten Gewohnheiten zu befreien, von Intoleranz und Egoismen. Man kann die eigenen Erwartungen überdenken und die seelische Verunreinigung abwaschen, die frühere Partnerschaften hinterlassen haben. Die Zeit zwischen Verlobung und Hochzeit ist eine gute Zeit, um einen ehrlichen Blick auf sich selbst zu werfen und seine Grenzen und Unfähigkeiten genauso wie seine Stärken zu erkennen. Der Spiegel, den uns später unser Ehepartner vorhält, wird uns ohnehin alles zeigen. Warum sollten wir dann nicht selbst damit anfangen, uns zu betrachten. Unglücklicherweise ist es in der westlichen Zivilisation üblich, die Zeit zwischen Verlobung und Hochzeit mit Terminen und äußerlichen Aktivitäten auszufüllen und der inneren Reinigung und Klärung nicht die nötige Beachtung zu schenken. Hier ein paar Zeremonien aus anderen Kulturen, die noch um die Bedeutung der Selbstreinigung wissen.

Kurz vor der Hochzeitsfeier wird die junge Ägypterin, wenn sie in der Nähe des Nil wohnt, einen Krug mit Nilwasser füllen. Vier Freundinnen begleiten die Braut, wenn sie ihren Krug am Nachmittag mit dem heiligen Wasser füllt. Bei Sonnenuntergang reinigt sie dann im Elternhaus ihren ganzen Körper mit diesem Wasser. Ihre Mutter salbt sie mit Parfum und Henna. Dann wird sie mit den Hochzeitsgewändern und mit Tüchern bedeckt.

Im alten Griechenland badeten Brautpaare einst in Wasser, das von der Callirrhoe-Quelle in Athen stammte, um in den Stand der Reinheit zu gelangen.

In Finnland war es Tradition, daß die Braut am Hochzeitsmorgen mit ihren engsten Freundinnen in die Sauna ging. Danach wurden die langen Haare der Braut geschnitten. Auch bei den Zulu ist es üblich, daß die Braut und ihre Freundinnen den Morgen der Hochzeit mit einem gemeinsamen Bad begehen.

In der Region Assam in Indien veranstalteten die Verwandten der Braut am Hochzeitsabend einen Umzug mit Trommlern und Musikern zum nächstgelegenen Fluß. Die Frauen riefen die Wassergöttin an und baten um die Segnung eines Krugs voll Wasser, den sie dann der Braut brachten.

Auf den Britischen Inseln war das Brautbad manchmal auf ein Fußbad beschränkt. Auf den Shetlandinseln und den Orkneyinseln im nördlichen Schottland wuschen männliche Freunde des Bräutigams diesem am Hochzeitsabend die Füße. Wenn sie wohlhabend waren, nahmen sie Wein statt Wasser. Danach warfen sie einen Ring in das Waschwasser und fischten danach, denn es hieß, daß derjenige, der den Ring bekam, als nächstes heiraten würde.

Bis heute hat sich im Sudan bei der Hochzeitsvorbereitung, dem Al-Laylit al-Hinna, ein Reinigungsritual erhalten, bei dem Henna verwendet wird. Nachdem der Bräutigam im Haus seines Vaters zu Abend gegessen hat, zieht er mit seinen Freunden und engsten Verwandten zum Haus der Braut. Die Frauen, die die Prozession begleiten, singen, trommeln und tanzen. Oft wird einer der Männer zum Vorsänger und zum Chormeister über den Chor der Frauen gemacht; er bedeckt sich mit einem Gewand, parfümiert sich und umrahmt seine Augen mit Kohle. Der Bräutigam führt die Prozession an, gefolgt von seinen Lichter tragenden Freunden. Im Haus der Braut werden den Gästen Getränke gereicht, während der Bräutigam sich ins Innere des Hauses zurückzieht, wo er auf seine Braut trifft, die dort auf einer Matte sitzend auf ihn wartet. Sie trägt ihr Hochzeitsgewand, und ihr Gesicht ist fast vollständig von einem Kopftuch verhüllt. Die weiblichen Verwandten des Bräutigams bringen der Braut Henna, Parfum und brennenden Weihrauch. Der Bräutigam erhält ein Stück Henna, das dieser der Braut in die offenen Handflächen reibt, bis sie die Farbe des Henna annehmen. Etwa zur gleichen Zeit, in der das Al-Laylit al-Hinna stattfindet, gibt es für den Bräutigam eine weitere Reinigungszeremonie, eine Reinigung durch «das Weiße». Sie besteht darin, daß der Bräutigam helle Speisen zu sich nimmt, Sorghum und saure Milch, Reis und Butter. Der Farbe Weiß werden in vielen Teilen der Welt positive magische Qualitäten zugeschrieben.

Bei der Vorbereitung einer marokkanischen Hochzeit entspringen viele Regeln und zeremonielle Handlungen dem Gefühl, daß sich Bräutigam und Braut vor der Eheschließung in großer Gefahr befinden. Sie müssen sich gegen die Einflüsse böser Geister schützen.

Die Mittel der Reinigung sind unter anderem Bäder für die Braut, das Rasieren des Bräutigams und das Tragen neuer Kleider.

Darüber hinaus ist es Sitte, die Haare der Braut zu zerzausen, die Gesichter von Braut und Bräutigam mit Henna oder auch mit Walnußrinde und Safran zu bemalen. Auch durch laute Musik, Gesänge und das Abfeuern von Gewehren sollen die bösen Geister abgehalten werden.

An manchen Orten ist es auch üblich, daß die Braut und der Bräutigam die Kleider tauschen, um die Geister in die Irre zu führen, oder die Braut wird in einer Gruppe von Frauen versteckt, die die gleichen Kleider tragen wie sie. Gebete und Gesänge begleiten alle Vorbereitungen. Es gibt auch Vorschriften, aus denen hervorgeht, daß man die Braut nicht nur als in Gefahr, sondern auch als eine Gefahr für andere ansieht. So dürfen die Brautleute zum Beispiel nicht mehr in der Öffentlichkeit essen.

All diesen Tabus, die in unseren Augen wie Aberglaube wirken, liegt eine metaphysische Sicht der Welt zugrunde, für die die Reinheit von Braut und Bräutigam einen hohen Stellenwert hat. Dabei geht es nicht so sehr um die sexuelle Unberührtheit, sondern die Reinheit der Seele.

Die Waschungen, Amulette und Kerzen, die Räucherungen und zeremoniellen Bemalungen entspringen dem Wunsch, Braut und Bräutigam in einen Zustand der Unschuld zu versetzen, der dem von Adam und

Eva vor dem Sündenfall entspricht, in den Zustand
paradiesischer Reinheit.

Wenn dem so ist, dann nimmt die Heirat das himm-
lische Prinzip der Vereinigung von Männlichem und
Weiblichem zu einer Einheit wieder auf. So gesehen repräsentiert jede Frau an der Schwelle zur Ehe das
Weibliche an sich und jeder Mann alles Männliche. Und
als Repräsentanten beider schöpferischer Kräfte, die
sich zur Einheit verbinden, sind sie Ausdruck der
Menschheit in ihrer Reinheit vor dem Sündenfall.

Wir haben mit unserer westlichen Sicht auf die Welt
den Blick für solche Dimensionen verloren. Moderne
Hochzeitszeremonien sind oft mehr Verfahrensweisen
als wirkliche Rituale. Das Ritual ist eine Einführung in
den Bereich des Sakralen, in den Bereich, wo sich das
Profane ins Göttliche transformiert.

Im Mittelalter badeten Braut und Bräutigam am Vor-
abend der Hochzeit getrennt. Das Brautbad diente, den
damaligen Badesitten entsprechend, nicht nur der spirituellen Reinigung, sondern vor allem dem geselligen
Beisammensein. Während des Bades wurde gesungen,
getanzt und gespeist. In Regensburg schrieb eine Ordnung vor, daß vierundzwanzig seiner Gesellen den Bräutigam und acht Gefährtinnen die Braut in das Bad begleiten durften. Das Bad gehörte zum festen Bestandteil
einer Hochzeit. Badelaken und Kittel, Badekappen, Öle
und Kräuter finden als Hochzeitsgaben eine häufige
Erwähnung.

Das Bad und das Wasser der Erlösung waren für den
Straßburger Barfüßermönch Thomas Murner die Inspiration für die «Geistlichen Badefahrten» (1514). Der
vom Vergnügen der Sinne erhellte und gereinigte Körper ermöglichte die Reform im Geiste. Heilige und profane Liebe, Körper und Wasser sind Symbol und Gefäß

des Geistes. Sie verkörpern den Wunsch, das Außen und Innen miteinander zu versöhnen. Für Thomas Murner entsprach jede Handlung beim Bade einem geistigen Vorgang:

Das Bad der Seele

die badecur	Läuterung
in das bad laden	Offenbarung
sich selbst unrein erkennen	Beichte
sich abziehen	seine Laster abtun
vor Gott nackent stehen	Scham
die füs weschen	Demut
den leib reiben	die Beichte abnehmen
die haut kratzen	Reue
in bad lecken	den Eifer zum Guten erwecken
der badmantel	das Leichenhemd
das ölbad	Taufe und Letzte Ölung
das täglich bad	Messe
das wildbad	Bekehrung vor dem Tod
dem bader dancken	Dankgebet.

Marokko

In Marokko feiern Frauen und Männer getrennt. Nur der Bräutigam darf ins Frauenzelt zu seiner Braut. Bis heute ist es in Marokko normalerweise Sache des Familienvaters, gute Ehepartner für seine Kinder zu finden, aber inzwischen ist hier fast die Ausnahme zur Regel geworden. In Ait Ameur bei Imilchil findet zum Beispiel in jedem September der sogenannte Hochzeitsmarkt statt, ein Fest, das Männern und Frauen Gelegenheit geben soll, sich unabhängig von ihren Eltern kennenzulernen und einen Ehepartner zu finden.

Eine traditionelle Hochzeitsfeier dauert sieben Tage, und je prunkvoller sie gestaltet ist, desto mehr Ansehen gewinnen die betreffenden Familien. Am ersten Tag findet bei der Familie der Braut und im Haus des Bräutigams ein Festmahl mit Gästen und musikalischer Begleitung statt. Professionelle Hochzeitsausstatterinnen schmücken nach dem Fest im Haus des Bräutigams ein Hochzeitszimmer mit seidenbespannten Matratzen und vielen Kissen. Solange gehen bei der Familie der Braut die Feiern weiter. Die Braut, ebenfalls von Hochzeitsausstatterinnen prächtig gewandet, nimmt die Gratulationen der Frauen entgegen. Im Anschluß wird sie unter schrillen Pfeifen- und Flötenklängen durch den Innenhof des Hauses getragen. Sie bleibt dabei verschleiert, aufrecht auf einem Hocker sitzen. Am Abend vor dem Umzug in das Haus ihres künftigen Mannes wird die Braut rituell gewaschen, und ihre Hände und Füße werden mit Henna verziert. Die Bemalung soll einerseits schmücken und andererseits das Böse abwehren. Auch an diesem Abend feiern die Familien von Braut und Bräutigam getrennt. Am nächsten Tag erscheint der Bräutigam, um seine Braut abzuholen. Die Verwandten der Braut leisten dabei einen symbolischen Widerstand. Erst wenn er diesen Widerstand gebrochen hat, kann er sie in sein Haus führen. Die Braut wird von der Schwiegermutter willkommen geheißen. Danach führen die Hochzeitsausstatterinnen das Paar in das Hochzeitszimmer.

Der Löwe 🦁
23. Juli bis 23. August

Das Sternzeichen Löwe ist ein Feuerzeichen, und wie alle feuerbetonten Menschen sind Löwe-Geborene impulsiv und spontan. Der Herrscher des

Zeichens ist die Sonne. Sie beschert den Löwe-Geborenen Selbstsicherheit und Schöpferkraft. Löwen sind oft künstlerisch begabt und können gut organisieren. Die Detailarbeit überlassen sie dabei jedoch lieber anderen. Löwen möchten gern im Mittelpunkt stehen. Sie sind großzügig, stolz und eitel und halten sich ungern mit den Banalitäten des Alltags auf. Im Grunde ihres Herzens sind Löwen Egozentriker und verbergen hinter der nach außen zur Schau gestellten Würde sehr genaue und oft auch sehr hohe Ansprüche an das Leben und ihre Partner. Dafür sind sie aber auch bereit, viel zu geben.

Löwen sind Herrscher, die sich selbst viele Freiheiten nehmen, die sie aber ihren Partnern noch lange nicht zugestehen. Löwen sind zu stolz für Kompromisse und Intrigen. Sie sind gegen Heimlichkeiten und wünschen sich in der Partnerschaft Offenheit und klare Verhältnisse.

An einem im Sternzeichen Widder geborenen Partner schätzen Löwen den Mut. Mit dem Schützen gehen sie eine eher partnerschaftliche als romantische Beziehung ein. Mit dem Skorpion besteht die Gefahr des Konkurrenzkampfs, der mit ungleichen Mitteln ausgetragen wird, und dasselbe gilt auch für eine Verbindung mit dem Zwilling. Steinbock, Stier und Jungfrau sind gute Ergänzungen in Sachen Geschäftssinn. Fisch und Krebs sind den extrovertierten Löwen meist zu empfindlich und gefühlsbetont. Der Wassermann ist ihnen wieder zu kaltschnäuzig. Mit der Waage aber steht einer harmonischen Verbindung nichts im Weg.

Die Glücksbringer für Löwen sind Bergkristall, Citrin, Tigerauge und Bernstein.

Das Sternzeichen Jungfrau gehört zu den Erdzeichen. Sein Herrscher ist der Merkur. Aus diesem Bereich erhalten die Jungfrau-Geborenen Eigenschaften wie Ordnungsliebe und Gründlichkeit. Jungfrauen lieben es ruhig. Sie sind etwas zurückhaltend und bemühen sich um Bewußtsein und Stabilität. Bevor sie in der Liebe Entscheidungen treffen, wägen sie mit Sorgfalt ab. Von der Erkenntnis geleitet, daß Gefühle vergänglich sind, scheuen sie das Risiko der Emphase.

Jungfrau-Geborene haben ein großes Bedürfnis nach Reinheit und Klarheit, sowohl in bezug auf ihre äußere Umgebung als auch in Hinblick auf ihre Beziehungen. Auch wenn der Jungfrau-Mann sich sehr zurückhaltend gibt, ist er nicht langweilig. Wenn er sich entschieden hat, kann er sehr leidenschaftlich sein.

Jungfrau-Mädchen haben ideale Vorstellungen von der Ehe. Wenn sie aber zwischen mehreren Partnern wählen sollen, entscheiden sie sich für den, der ihnen die sicherste Existenz verspricht. Es ist nicht leicht, eine Jungfrau zu erobern, und der ungeduldige Widder und der zielstrebige Schütze werfen meist entnervt die Flinte ins Korn. Auch den Zwillingen und Wassermännern ist die Jungfrau nicht spontan genug. Leichter haben es Stier und Steinbock, denn mit ihnen teilen Jungfrauen das Streben nach Wohlstand und materieller Sicherheit. Löwe und Waage versuchen oft vergeblich, die Jungfrau aus der Reserve zu locken. Jungfrauen unter sich neigen zum Strei-

ten. Auch mit Skorpion-Geborenen gibt es Querelen. Krebse und Fische aber passen ausgezeichnet zu Jungfrau-Partnern, denn sie ergänzen die eher vom Verstand her agierenden Jungfrauen durch Sensibilität und Wärme.
Glücksbringer für Jungfrauen sind Lapislazuli, Sodalith, Karneol, Citrin und Tigerauge.

Die Beduinen im Negev

Die Beduinen sind Nomaden arabischer Sprache und Kultur. Sie leben im Irak, in Israel, im Sudan und in Nordafrika. Verglichen mit der seßhaften arabischen Bevölkerung haben Frauen bei ihnen eine sehr viel höhere Stellung. «Liebe ist beduinischer Abstammung», heißt ein palästinensisches Sprichwort, und Liebesdichtung und romantische Werbung spielen in der Kultur der Beduinen eine große Rolle.

Am Hochzeitstag gehen weibliche Verwandte des Bräutigams in das Zelt der Braut, um sie abzuholen. Die rituelle Flucht des Mädchens von Zelt zu Zelt und sein Einfangen symbolisiert den Übergang der Braut vom beschützten Mädchen zur Frau, die nun in einer anderen Familie leben wird. Während der Hochzeitszeremonie wird der Kopf des Mädchens mit einem Männergewand verhüllt, und es wird die Formel gesprochen: «Niemand anders als... wird dein Gatte.» Dann wird die Braut von den weiblichen Verwandten in das Hochzeitszelt gebracht. Kurz darauf erscheint der Bräutigam. Auf das Vorzeigen des Lakens mit dem Deflorationsblut wird auch bei den Beduinen nicht verzichtet. Am Morgen nach der Hochzeitsnacht erhält die Braut als Morgengabe Geschenke von ihrem Bräutigam.

Auch hier ist Heirat mehr eine Angelegenheit zweier Familien und nicht so sehr die zweier verliebter Menschen. «Eine Frau aus der Ferne», das ist die Wunschvorstellung aller Männer, und das heißt, möglichst keine Frau aus dem gewöhnlichen Bekanntenkreis zu nehmen. Tatsächlich heiraten die meisten Männer ein Mädchen aus der Nachbarschaft. Sind sich die Eltern einig, handelt der Vater einen «Brautpreis» für die Tochter aus. Er muß dabei Geschick beweisen, denn verlangt er für seine Tochter zuviel, weil sie vielleicht eine besonders geschickte Teppichknüpferin ist, kann es passieren, daß er niemand findet, der den Brautpreis bezahlen kann. Sind sich die Eltern einig, wird der Brautpreis in zwei Raten bezahlt. Die erste Zahlung geht mit der Feier einer kleinen Zeremonie einher. Die zweite Zahlung ist bei der Hochzeitsfeier fällig.

Die Hochzeitsfeierlichkeiten beginnen mit der rituellen Waschung der Brautleute. Sie befinden sich dabei an verschiedenen Orten, und ein Vermittler trägt währenddessen ein sogenanntes Hennatablett zwischen ihnen hin und her. Wie im gesamten islamischen Raum gehört das Färben der Hände mit Henna für Bräutigam und Braut mit zum Hochzeitsgeschehen.

Am Abend des Festes thront der Bräutigam wie ein König auf einem Berg silberverzierter Kissen. Von der jungen Braut wird verlangt, daß sie weder lächelt noch weint. Sie soll weder den Schmerz ihrer Eltern vergrößern noch durch ihre Trauer die Schwiegerfamilie beleidigen. Der Bräutigam begibt sich mit seiner Familie zum Haus der Brauteltern, dort ist ein Festmahl bereitet. Danach wird er in das Frauengemach geführt, wo seine verschleierte Braut auf ihn wartet. Er zieht sich ebenfalls den Schleier über das Gesicht. Dann bekommt er einen kleinen Spiegel, und in diesem sieht sich das Paar «zum ersten Mal». Nun wird die Braut von allen Gästen zum Haus des Bräutigams geleitet. Sie reitet dabei zusammen mit einem kleinen Kind auf einem geschmückten Pferd. Zum Abschied knotet der Vater ihr ein Tuch um die Hüften und setzt sie damit in ihre neue Rolle ein. Von nun an untersteht sie der Autorität ihres Mannes.

Arabische Liebesverse

Teure, sprich, was mehr bewegt ist, dies mein Herz, das sich verblutet,
Oder deiner schwarzen Locken Fülle, die im Windhauch flutet? Sprich, was schwärzer ist, das Schicksal, das mich Armen schwer bedrückt,
Oder jenes Schönheitsmal, das deine holde Wange schmückt? Sprich, ob heller aus der Lippen Fassung, welche sie umkränzen,
Deine weißen Zähne oder droben die Plejaden glänzen? Ist dein schlanker Wuchs erhabner, sind erhabner die Zypressen,
Oder meine Verse, denen keine anderen sich messen? Sprich, ist leuchtender die Sonne, ist's des Mondes Silberlicht,
Oder ist's mein Dichtergenius, oder ist's dein Angesicht?

Nachdichtung von A. Friedrich Graf von Schack

Hochzeitssitten in Asien, Amerika und Afrika

Trauung auf indisch

Auch im heutigen Indien ist die Trauung in die traditionellen Regeln eingebunden. Jede Geste ist genau festgelegt. Die Brautleute umkreisen mit sieben Schritten ein heiliges Feuer und verpflichten sich vor dem Hindu-Priester zu religiösem Gehorsam und zur Fruchtbarkeit.

Während der Feier sitzen beide auf einem Podest, damit jeder Gast sie sehen kann. Die Braut trägt einen Sari und ist reich geschmückt. Auch ihre Hände sind bemalt. Ihr aufwendiger Schmuck soll die Götter günstig stimmen.

Die vermutlich im 3. Jahrhundert verfaßten Kamasutra sind Regeln für das Zusammenleben der Geschlechter beschrieben.

Hier ein paar Auszüge aus dem Kamasutra, die die Hochzeit betreffen.

Wer ein Mädchen, das noch Jungfrau ist und der gleichen Kaste angehört, nach den Lehren der Heiligen Schrift heiraten will, der wird dem Dharma und dem Artha gerecht und nützt den Nachkommen, den Verwandten, den Freunden, die er neu gewinnen will, sowie dem Aufblühen und Gedeihen der Liebe zwischen ihm und seiner Ehefrau.

Ein Mann, der in der Liebeswissenschaft wohlbewandert ist, wird sich gut überlegen, auf was für ein Mädchen er sein Auge wirft, wenn er ans Heiraten denkt. Er wird ein Mädchen auswählen, das jungfräulich ist, das im Kreise seiner Familie lebt, das Vater und Mutter hat, das mindestens drei Jahre jünger ist als er, dessen Sippe zahlreich an Mitgliedern, groß an Besitztümern, an

Ehre und an gesellschaftlichem Ansehen ist; das sowohl von seinem Vater als auch von der Mutter Erkleckliches erbt; das mit Schönheit geschmückt und durch gutartigen Charakter und glückverheißende Merkmale ausgezeichnet ist; das in rechter, wohlausgewogener Weise Zähne, Nägel, Ohren, Augen, Haare und Brüste sein eigen nennt und insgesamt gesund ist. Natürlich soll er über dieselben Vorzüge verfügen, die er von seiner Braut erwartet.

Wenn man sich um ein solches Mädchen bewirbt und es gewinnt, so darf man mit sich wahrhaft zufrieden sein. Kein verständiger Mensch wird einen deswegen tadeln können.

Bei der Brautwerbung sollen sowohl die Eltern des Mädchens als auch die Freunde des Freiers die bei diesem Anlaß gebotenen Förmlichkeiten beachten. So müssen etwa die Freunde des Freiers die anderen, unter Umständen noch vorhandenen Freier bei den Brauteltern gehörig anschwärzen, wobei sie gleichzeitig die trefflichen Eigenschaften ihres Freundes herausstreichen. Das wird die Eltern zugunsten des echten Weltmannes beeinflussen. Dabei ist es besonders wichtig, die Mutter des Mädchens zu überzeugen.

Das eigentliche Freien um das Mädchen muß so vor sich gehen, daß man alle Rücksicht auf die Andeutungen des Schicksals nimmt: man muß die Vorzeichen, die Erkenntnisse aus dem Vogelflug und die Prophezeiungen beachten. Mädchen, bei denen sich folgende Eigenheiten zeigen, soll man auf keinen Fall freien:

ein schlafendes Mädchen, denn wenn es schläft, während der Besuch im Haus weilt, ist es noch zu jung,

ein weinendes Mädchen, denn es könnte den Mann mit ins Unglück ziehen,

ein Mädchen, das aus dem Haus gegangen ist, wenn der Freier kommt, ein Mädchen mit einem häßlich klingenden Namen,

ein Mädchen, das versteckt gehalten wird, denn es läßt allerlei Mängel erahnen,

ein Mädchen, das bereits einmal versprochen gewesen ist,

ein Mädchen, dessen Haut weiße Tupfer hat, denn eines mit diesem Merkmal soll verschwenderisch veranlagt sein,

ein Mädchen, das dem Aussehen nach einem Mann gleicht,

ein Mädchen, das einen Höcker hat,

ein Mädchen, das eine vorgewölbte Stirn hat,

ein Mädchen, das verkrüppelte Beine hat,

ein Mädchen, das die religiösen Reinlichkeitsgebote mißachtet,

ein Mädchen, das bereits zur reifen Frau herangewachsen ist,

ein Mädchen, das nicht sprechen kann, weil es von Geburt an stumm ist,

ein Mädchen, das mit dem Freier auf irgendeine Weise schon vertraut ist,

ein Mädchen, das unablässig an Händen und Füßen mit Schweiß bedeckt ist,

ein Mädchen, das einen Namen trägt, der von den Sternbildern abgeleitet ist,

ein Mädchen, das nach einem Fluß benannt ist,

ein Mädchen, das nach einem Baum benannt ist,

ein Mädchen, dessen Namen auf r oder l endet,

ein Mädchen, dessen Ruf nicht tadelsfrei ist.

Das wichtigste beim Freien ist aber, daß das Herz und die Augen sich beim Anblick des Mädchens freuen. Die weisen Lehrmeister der Liebe sagen, daß man zwar alle die genannten Makel, die ein Mädchen haben kann, beachten und sie nach ihrem schweren oder leichten Gewicht abwägen muß, daß aber letztlich nur jene Frau dem Mann zum Erreichen der drei Lebensziele und damit zum Glück verhilft, die auf Grund einer Herzensneigung gefreit worden ist.

Vivahasahama –
die Heirat

Erstellt der Astrologe ein Partnerhoroskop, versucht er herauszufinden, ob zwei Menschen für ein Zusammenleben geeignet sind. Er vergleicht die Geburtshoroskope und untersucht das Zusammentreffen der Mondstation-Eigenschaften. Es ist erstaunlich, mit welcher Selbstverständlichkeit indische Astrologen die verschiedenen Einzelaussagen miteinander verbinden und erfassen. Die Astrologie beeinflußt das Leben in Indien in hohem Maße. Die Stellung des Astrologen ist der des Psychiaters in den USA vergleichbar, jedoch sehr viel umfangreicher. Die Frage nach dem Verbleib eines gestohlenen Fahrrads muß er ebenso beantworten können, wie die Frage, wer wann der Ehepartner werden soll. An Tagen, wo die Planeten einander gut gewogen sind, die Zeit zum Heiraten also günstig ist, herrscht ein sichtbares Festgetümmel in den Straßen.

Venus ist in Indien männlich, er gilt als frauenwirksam und steht für den Ehepartner, die Kunst, die Schönheit und die Sexualität.

Venus ist der Herrscher über Hochzeiten, Silber, Perlen, Reichtum, Wissen und Schätze, über Milchprodukte, junge Mädchen, Girlanden, Wünsche, Parfumes, Schmuck, Perlmutter, Edelsteine und Kleider. Er beherrscht Braut und Bräutigam, Bäder, Verliebte, berühmte, glückliche und charmante Personen, bunte Blumen, Seide und Sandelholz. Der Planet wird zweifarbig dargestellt oder mit doppelter Halbscheibe. Er wird mit Blumen und bunten Fahnen geweiht.

Ein «yoga» ist ein abstrakter, aus den Positionen von Sonne und Mond errechneter Punkt im Tierkreis. Daneben gibt es 32 berechnete «sensitive Punkte», die etwas Konkretes repräsentieren, wie Punkt 21 vivahasahama – Heirat:
Der Abstand vom Saturn zur Venus wird zum Aszendenten addiert, und so wie Venus als «frauenwirksam» gilt, gilt der Saturn als «lebenszeitwirksam».
Punkt 30 heißt strisahama – die Frau.
Das VII. Feld steht für Frau, Liebe und Ehe.
Nach einer überlieferten Regel kann man nur dann heiraten, wenn der Jupiter in Konjunktion mit strisahama steht.

Wenn die Hochzeit stattgefunden hat, ist es alter Brauch, daß die Jungverheirateten drei Tage lang auf der bloßen Erde schlafen. Während dieser Zeitspanne wird strenge Zurückhaltung in allen Dingen geübt. Die Nahrung muß ungesalzen, ja überhaupt ohne jede Würze genossen werden. Nach diesen ersten drei Tagen wird an den folgenden sieben Tagen gebadet. Daneben wird lange und ausgiebig Toilette gemacht, begleitet von Musik und Gesang. Gegessen wird in großer Gesellschaft. Man sieht sich zudem öfter Theateraufführungen an und erweist der ganzen Verwandtschaft die übliche Reverenz.

Erst nach dieser zehntägigen Hochzeitsfeier beginnt der Mann, sich seiner Frau zu nähern. Seine Werbung um ihre Gunst muß dabei durch dezente Rücksichtnahme und zartes Benehmen gekennzeichnet sein. Allerdings ist es nicht richtig, wenn der Mann drei Nächte lang starr und stumm wie ein steinernes Standbild dasteht. Dadurch könnte die junge Frau seiner überdrüssig werden, weil sie ihn für einen Eunuchen halten muß. Richtig ist dagegen, sie durch zarte Annäherung allmählich zu gewinnen. Keinesfalls darf übereilt ans Werk gegangen werden, denn die Frauen gleichen den Blumen, und Blumen müssen mit zärtlichen Händen gepflegt werden. Wenn eine junge Frau allzu stürmisch umworben wird, nistet sich in ihrem Herzen eine große Abneigung gegen alles ein, was mit dem Mann zu tun hat.

Also nähert sich der Mann seiner ihm angetrauten Frau zunächst mit einer leichten und kurz andauernden Umarmung, bei der nur der Oberkörper berührt wird. Ob er das in der Dunkelheit oder beim Schein einer Lampe wagen soll, richtet sich danach, ob die Braut schon einigermaßen erfahren oder noch ziemlich jung ist.

Hat sie die Umarmung nicht übelgenommen, so überreicht er ihr mit dem Mund Betelnüsse, denn so gewöhnt er sie nach und nach an das Küssen. Wenn sie anfangs die Betelnüsse nicht annehmen will, muß er sie zu überreden suchen, und zwar mittels freundlicher Worte, durch dringende Bitten oder durch die Aufforderung, sie selbst solle ihm auf solche Weise Betelnüsse geben, vielleicht auch mittels eines Kniefalls. Es ist schließlich bekannt, daß sogar eine ganz scheue oder über die Annäherungsversuche des Mannes empörte Frau einem Kniefall unmöglich widerstehen kann. Wenn er ihr also endlich die Betelnüsse mit dem Mund darreicht, benütze er die günstige Gelegenheit und gebe ihr einen leisen und hauchzarten Kuß. Hat er den Eindruck, daß sie bereits ein wenig zugänglich ist, so muß er sie zum Reden veranlassen. Das wird am geschicktesten so durchgeführt, daß er sie nach irgend etwas fragt, was mit ein paar kurzen Worten zu beantworten ist. Wenn sie darauf noch nicht aus sich herausgeht, muß er sie immer wieder fragen; er bewahre dabei stets Freundlichkeit und Geduld. Den Frauen gefällt nämlich das männliche Umschmeicheln mittels schöner Reden durchaus, es liegt jedoch in ihrer Natur, anfangs überhaupt nichts zu erwidern.

Wird sie mit unerschöpflicher Geduld freundlich gefragt, dann wird sie antworten, indem sie mit dem Kopf nickt oder ihn schüttelt. Der werbende Mann muß sie dann inständig fragen: «Findest du nicht ein wenig Gefallen an mir? Zieht es dich nicht zu mir hin?»

Auf solche drängenden Fragen darf sie längere Zeit keine Antwort geben; zu guter Letzt mache sie aber mit dem Kopf das gebührende Erwiderungszeichen.

Wenn sie auf solche Weise allmählich etwas vertrauter geworden ist, kann sie, aber ohne ein Wort zu äußern, die erbetenen Betelnüsse, auch Salben und Kranzgewinde, in seine Nähe legen oder an seiner Kleidung befestigen. Dabei soll er in der sogenannten Achachuritaka-Weise ihre kleinen, knospenden Brüste liebkosen. Verwehrt sie ihm dies voller Scheu, dann sagt er am besten:

«Wenn du mich umarmst, dann werde ich es nicht mehr tun.» Dadurch kann er sie veranlassen, ihn zu umarmen; tut sie dies tatsächlich, streckt er seine Hand langsam bis zu ihrem Nabel aus, zieht sie aber gleich wieder zurück und beteuert, er wolle nicht weiter vordringen. Allmählich muß er sie soweit bringen, daß sie sich auf seinen Schoß setzt. Damit hat er einen ziemlichen Fortschritt erzielt.

«Ich werde die Male meiner Zähne in deine Lippen drücken und die Male meiner Nägel in deine Brüste. Auch an meinem eigenen Körper werde ich mit Zähnen und Nägeln selbst Male anbringen; dann werde ich deinen Freundinnen erzählen, daß du das getan hast. Was willst du ihnen dann sagen?» Mit solchen Listen, die Kinder einschüchtern und sie zum Ruhigbleiben bewegen sollen, erwirbt er Schritt um Schritt das Vertrauen seiner jungen Frau.

In der zweiten und der dritten Nacht, wenn ihre Zuneigung wächst und wächst und ihr Vertrauen immer größer wird, dringt er mit seinen Händen weiter vor.

Danach soll der Mann so fortfahren, daß er alle Partien ihres Körpers mit seinen Küssen bedeckt und zugleich auch über ihre Schenkel streicht. Will sie dies abwehren, möge er mit ihr darüber diskutieren, dabei aber nicht vergessen, seine Bemühungen fortzusetzen.

Sobald es ihm günstig erscheint, soll er nun ihre Untergewänder abstreifen und ihre Schamhaare berühren. So kann er seiner jungen Frau immer näher kommen.

Nach dem vierten Tage, wenn es zur Vereinigung der beiden kommt, soll der Mann ihr das Versprechen geben, sie stets zu erfreuen. Bis dahin allerdings muß er sich enthaltsam zeigen.

Dann wird der Bräutigam ihr die Kenntnis der vierundsechzig Künste beibringen. Er versichert sie immer wieder seiner unerschütterlichen Liebe und Fürsorge. Er beruhigt sie, was seine Nebenfrauen betrifft, und vereinigt sich auf die zärtlichste und behutsamste Weise erneut mit ihr. So ist der Weg beschaffen, auf dem er ihr Vertrauen gewinnt.

Ein Mann gewinnt eine junge Frau weder durch übertriebene Beachtung von Sitte und Anstand noch auch durch rücksichtloses Übergehen der natürlichen Scheu.

Der Mann, der weiß, wie er das Vertrauen einer Frau gewinnen kann, indem er stets ihren Stolz achtet und lobt, wird bald und dauerhaft geliebt werden.

Hochzeit, Trauer und Tod

Als Übergangsritus ist die Hochzeit nicht nur Feier eines Höhepunkts, sondern sie leitet auch einen neuen Zustand ein, indem sie einen alten Zustand zum Abschluß bringt. Dieser kleine Tod und die damit verbundene Trauer werden in manchen Zeremonien zum Ausdruck gebracht.

Russische Frauen trugen während der Verlobungszeit Trauerkleider, um ihren Schmerz darüber auszudrücken, daß durch die Hochzeit ihr bisheriges Leben als unverheiratetes junges Mädchen beendet wurde. Ihre Freundinnen veranstalteten Abschiedszeremonien, sangen melancholische Lieder, die den Verlust der Unschuld zum Inhalt hatten. Auch japanische Bräute pflegten in ihrer Verlobungszeit Weiß zu tragen, was in Japan bekanntlich die Farbe der Trauer ist. Durch die Hochzeit «starb» die Braut für ihre frühere Familie. Die Farbe Weiß bedeutete darüber hinaus: sie wird den Haushalt ihres Mannes, das Haus ihrer neuen Familie nur als Tote wieder verlassen.

In anderen Kulturen verlangen die Geister der Ahnen am Tag der Hochzeit Respekt und die Anerkennung der Tatsache, daß sie die Rolle der Familienältesten weiterspielen. So war es zum Beispiel in China eine der ersten gemeinsamen Aufgaben der neuen Partner, die Ahnen zu grüßen, und es ist Bestandteil einer Filipino-Hochzeit, daß Paar und Hochzeitsgäste gemeinsam niederknien und für die Verstorbenen beider Familien beten.

Bali

In Bali kommt es vor, daß junge, verliebte Paare, die nicht das Einverständnis der Eltern für die Eheschließung haben, eine dramatische Entführung inszenieren. Manchmal ist so eine Entführung – das Einverständnis der Braut ist immer vorausgesetzt – auch ein abgekartetes Spiel zwischen den Eltern der Braut und denen des Bräutigams, denn auf diese Weise ist es möglich, die immensen Ausgaben für die offizielle Zeremonie zu sparen. Das Brautpaar wird dann nur scheinbar unerbittlich verfolgt, und erst wenn es die Schwelle eines Hauses von guten Freunden überschritten hat, hat die Flucht ein Ende. Der «Zorn» der Eltern muß dann durch angemessene Geschenke besänftigt werden.

Thailand

In Thailand wird – von einem Astrologen oder Mönch – der günstigste Zeitpunkt für die Hochzeit bis auf die Stunde genau errechnet.

Das Brautpaar trägt eine Blumengirlande.

Drei große weiße Punkte, die dem Brautpaar auf die Stirn gemalt sind, sollen Glück bringen.

In Thailand wird das Jawort nicht mit Ringen, sondern durch zwei miteinander verbundene Stoffkränze besiegelt. Aus einer Muschel gießen die Hochzeitsgäste geweihtes Wasser über die Hände des Paares.

Am anschließenden Festessen nehmen in der Regel mindestens zweihundert Gäste teil, die das Brautpaar zur astrologisch festgesetzten Stunde ins Schlafgemach begleiten, wo ein mit Rosenblüten übersätes Bett auf es wartet.

Ehen werden im Himmel geschlossen, darüber ist man sich überall einig, und obwohl die Hochzeitszeremonien auf der ganzen Welt die verschiedensten Bräuche, Tabus und rituellen Gesten kennen, gibt es durchaus Gemeinsamkeiten. Für fast alle Kulturen gilt, daß, je prunkvoller die Hochzeit, desto besser die Aussichten für die Ehe sind. Und da eine Hochzeit auch ein soziales Zeichen ist – man will zeigen, was man hat und was man sich leisten kann und dadurch seine gesellschaftliche Position auch für die Zukunft festigen –, verschulden sich Eltern oft auf Jahre hinaus, um ihre Kinder angemessen zu verheiraten.

In vielen Ländern sind es die Familien mit vielen Töchtern, die durch mehrere teure Heiraten hintereinander nicht selten an den Rand des Ruins getrieben werden, in anderen, zum Beispiel einigen afrikanischen Ländern, sind das die Familien, die viele Söhne haben.

Die Mongolen

Der Mann nennt das Heiraten: «Errichten einer neuen Jurte.» «Auf einem Pferd davonreiten», so sagen die Mädchen.

Der Hochzeitstermin wird durch ein buddhistisches Orakel bestimmt. Die Braut erfährt allerdings erst einen Tag vor ihrer Hochzeit von dem Ereignis, im Rahmen einer kleinen Zeremonie. Die Morgenstunden zwischen 8 und 10 Uhr verheißen Glück. Das ist die Zeit, in der der Bräutigam erwartet wird. Ehe er Zutritt zur Jurte der Brauteltern erhält, müssen er und sein Gefolge Geist und Witz unter Beweis stellen. Sie müssen Rätsel lösen und Lieder singen, erst danach dürfen sie eintreten, und das Fest beginnt. Man tauscht Geschenke aus. Auch während des Essens wird der Bräutigam weiter auf die Probe gestellt. Die Braut und ihre Ehrendamen sind verschleiert und weinen und klagen wegen des bevorstehenden Abschieds. Gegen Ende der Feier führen die Anwesenden die Braut über einen roten Teppich zu ihrem Pferd. Braut und Bräutigam reiten um ein Weihrauchgefäß herum und dann zum Wohnort des Bräutigams davon. Dort zieht sich die Braut in ein für sie errichtetes Zelt zu einer Waschung mit geheiligtem Wasser zurück. Danach betreten die Brautleute gemeinsam ihre neue Jurte und ehren das Herdfeuer. Die Braut zeigt sich mit dem Kopfschmuck der verheirateten Frauen ihrer neuen Verwandtschaft. Beim anschließenden Fest muß sie sich wieder verschleiern. Es folgen Feuerrituale, bei denen die Geister ihrer Herkunftsfamilie vertrieben werden sollen. In der Hochzeitsnacht müssen sich Braut und Bräutigam allerdings mit kleinen Geschenken anderer «Geister» erwehren, denn die jungen Leute versuchen, das Brautpaar zu stören.

Am nächsten Morgen serviert die junge Frau ihren Schwiegereltern Tee. Daraufhin wird sie von den Schwiegereltern als Tochter akzeptiert. Ein Besuch der Brauteltern erfolgt drei Tage später. Sie wünschen dem Paar Glück. Einen Monat später folgt ein zweiter Besuch, bei dem die Brauteltern das junge Paar zu sich einladen, eine Einladung, die das Paar annimmt. Der Bräutigam bleibt aber nur drei Tage. Die Tochter jedoch bleibt einen Monat und näht in dieser Zeit Kleider für ihre neue Familie. Dieser Besuch ist das Ende der Hochzeitszeremonie.

Noch 1980 betrug der Prozentsatz der arrangierten Hochzeiten 27%. Vorgesetzte, Eheanbahnungsinstitute oder die Eltern fungierten als Vermittler. Die als Liebesheirat bezeichneten Eheschließungen waren zu 23,5% am Arbeitsplatz und zu 22,4% durch Freunde zustande gekommen.

Der Ablauf der Hochzeitszeremonie kann sehr verschieden sein, die Mode spielt dabei eine große Rolle. Auch der Ort ist nicht festgelegt, jedoch finden die meisten Hochzeiten in einem speziellen Hochzeitsinstitut statt. Sehr beliebt ist die Shinto-Hochzeit. Dabei ist das wichtigste Ritual das Reisweintrinken des Hochzeitspaares. Aus drei verschiedenen Schalen werden jeweils drei Schlucke Reiswein getrunken. Die Zahl drei steht dann für Mann, Frau und Kind. Die Zeremonie steht für das Teilen von Freude und Leid.

Während des Festes demonstriert die Braut ihre Verwandlungsfähigkeit, indem sie sich mehrmals umzieht. So trägt sie während der Trauungszeremonie einen kostbaren Kimono. Kaum jemand kann es sich leisten, ihn zu kaufen. Selbst die Leihgebühr ist so hoch, daß sie einen großen Teil des Geldes für die Feier ausmacht. Oft trägt die Braut zum Ende des Festes auch ein europäisches weißes Brautkleid mit Schleier.

Dort, wo die Tradition noch gilt, ist es üblich, daß die Braut zu Fuß zur Familie des Bräutigams geht und dort auf symbolische Weise zum Ausdruck bringt, daß sie in Zukunft dieser neuen Familie angehört. Sie betritt das Haus zum Beispiel über ein Feuer hinweg oder geht unter einem Strohhut, der die Autorität der Schwiegermutter repräsentiert, hindurch.

Hochzeit in China

Die Familie war das Abbild der chinesischen Weltordnung und gleichzeitig ihr Fundament. Sie beschäftigte die Philosophen und Staatstheoretiker über 3000 Jahre lang.

Die beiden Prinzipien Yin, das weibliche Prinzip, und Yang, das männliche, wurden in der traditionellen Hochzeit vereinigt. Auf Gefühle konnte eine derart entscheidende Einrichtung nicht ausgerichtet werden. Die Heirat war weniger eine Vereinigung zweier Personen, sondern eine zweier Familien. Das Befragen der Horoskope war der erste Schritt zur Eheschließung, dem bei der traditionellen Heirat fünf weitere folgten.

Der zweite Schritt bestand aus dem Heiratsantrag des Bräutigams. Der dritte Schritt war die schriftliche Bestätigung, der vierte die Verlobung. Das Horoskop, mit dem der glücksverheißende Tag der Eheschließung herausgefunden wurde, bildete den fünften Schritt. Die sechste Zeremonie begann am Tag der Hochzeit mit dem Eintreffen des Bräutigams im Haus der Brauteltern.

In einer roten Sänfte, Rot war die Farbe des Glücks, wurden Braut und Mitgift zum Wohnort des Bräutigams gebracht. Das Gesicht der Braut war mit einem roten Schleier verhüllt. Die erste Handlung des Hochzeitspaares war die Verehrung der Himmel- und Erdegottheiten am Himmel-und-Erde-Tisch im Haus seiner Eltern. Danach schritt die Braut über einen Sattel, auf dem ein Apfel lag. Das Ritual sollte die harmonische Eingliederung der Braut in ihr neues Heim begünstigen: Apfel – *ping*, Sattel – *an* – und *pingan* – Friede, Harmonie.

Anschließend entschleiert der Bräutigam seine Braut und sieht sie zum erstenmal. Darauf folgt die Zeremonie der Verbindung. Das Paar trinkt aus zwei mit einer roten Schnur verbundenen Bechern abwechselnd Wein und Branntwein. Die Feierlichkeiten begeht es getrennt. Der Bräutigam feiert im Kreis der männlichen Verwandten, die Stimmung ist recht ausgelassen. Die Braut wird derweil von den weiblichen Verwandten auf ihre Fähigkeit, ihr «Gesicht zu wahren», getestet.

Nach der Hochzeitsnacht wurde auch in China das Laken zum Beweis der Jungfernschaft der Braut herumgezeigt. Und auch hier war es Brauch, daß die junge Frau am nächsten Morgen ihren Schwiegereltern Tee servierte und daraufhin von ihnen offiziell als Schwiegertochter anerkannt wurde. Sie durfte in Zukunft ihre Eltern nur mit der Erlaubnis ihrer Schwiegermutter besuchen.

Die traditionelle Eheschließung war der ersten Ehefrau vorbehalten. Wollte ihr Mann mit einer zusätzlichen Frau zusammenleben, holte er die Zustimmung seiner Ehefrau ein.

Nachdem 1927 die Republik ausgerufen und 1931 die neue Verfassung verabschiedet worden war, war die chinesische Frau dem Mann rechtlich gleichgestellt. Die Ehe wurde durch einen Staatsbeamten unter Anwesenheit zweier Zeugen geschlossen, und sie wurde zu einer Angelegenheit zweier Personen, auch wenn die Zustimmung der Eltern immer noch sehr wichtig war. An den traditionellen Zeremonien hielt man inoffiziell fest, mischte sie aber mit westlichen Elementen, wie Wagners Hochzeitsmarsch oder dem weißen Brautkleid – Weiß war eigentlich eine traditionelle Trauerfarbe. Die chinesische Regierung propagierte Massenhochzeiten und bescheidene Feiern, um den Verschuldungen der Familien entgegenzuwirken. Trotzdem versucht jede Familie, die Hochzeit der Kinder so prächtig wie möglich zu gestalten. Vor allem auf dem Land sparen die Familien oft jahrelang für die Hochzeitsfeierlichkeiten. Der größte Unterschied zu den früheren Zeremonien ist neben der freien Partnerwahl, daß die Braut nicht mehr zwangsläufig ins Haus der Schwiegereltern zieht.

Die Waage ♎
24. September bis 23. Oktober

Die Waage ist ein Luftzeichen. Ihre Herrscherin ist die Venus. In diesem Zeichen Geborene haben Sinn für Schönheit und Proportionen. Sie besitzen viel Taktgefühl und haben eine besondere Begabung, Kompromisse zu finden und Dinge in der Schwebe zu belassen. Waage-Geborene sind entgegenkommend und tolerant.

Den Waage-Mann erkennt man an seiner Eleganz. Er ist amüsant und glänzt im Umgang mit seinen Mitmenschen durch gutes Benehmen. Er macht gern Komplimente. Oft ist er etwas konservativ in seinen Ansichten, was er ausgleicht, indem er auch die Meinungen der anderen gelten läßt.

Waage-Frauen sind leidenschaftlich, wenn es ihrem Partner gelingt, sie durch Originalität und erotische Ausstrahlung zu verzaubern. Sie schätzen den Luxus, das Vergnügen und manchmal auch den schönen Schein, was aber durch ihr starkes Gerechtigkeitsempfinden relativiert wird.

Ihre romantische Ader teilen die Waagen mit Fischen und Krebs. Der Skorpion verdächtigt die Waage der Oberflächlichkeit, und der Widder vermutet sogar Unehrlichkeit hinter der Toleranz der Waage. Im Laufe der Zeit kann sich aber Verständnis einstellen. Einfacher hat es die Waage mit dem Schützen. Der ist von ihrem Charme so bezaubert, daß selbst ihre Flirts ihn nicht aus der Fassung bringen. Mit Jungfrau, Stier und Steinbock kommt die Waage in der Regel gut zurecht. Waage und Waage ziehen sich an, aber oft erstickt ihre Verbindung schnell in der Routine des Alltags. Gute Chancen haben Löwe und Waage, und auch für Wassermann und Zwillinge bestehen glänzende Aussichten. Glücksbringer für die Waage sind Aquamarin, Amazonit, Jade und Rosenquarz.

Der Skorpion ♏

24. Oktober bis 22. November

Das Sternzeichen Skorpion ist ein Wasserzeichen und wird von Pluto beherrscht. Die herausragenden Charaktereigenschaften der Skorpion-Geborenen sind ein ausgeprägter Sinn für alles Praktische, Geschicklichkeit und Selbsterhaltungstrieb. Der typische Skorpion will existentielle Rätsel ergründen und hat eine starke Neigung zu mystischen und okkulten Dingen. Außerdem prägt ihn seine leidenschaftliche Emotionalität. Er kann jähzornig sein und sich schnell in eigene Widersprüche verwickeln. Seine Widersprüche liegen in seiner impulsiven Gefühlswelt einerseits und in seiner kühl kalkulierenden Klugheit andererseits begründet. Da Skorpione geschickt sind, können sie auch sehr erfolgreich sein. Der Kampf zwischen Gut und Böse ist die eigentliche Problematik dieses Sternzeichens. Männliche Skorpione faszinieren durch Leidenschaft und Beharrlichkeit. Sie geben niemals auf, bevor sie ihr Ziel erreicht haben, und sie erreichen ihr Ziel notfalls auch mit List. Sie verausgaben sich oft bis zur Erschöpfung und regenerieren sich anschließend erstaunlich schnell. Der sagenhafte Vogel Phönix, der aus seiner eigenen Asche wiederaufersteht, ist das Symbol dieses Zeichens.

Auch die Skorpion-Frau kennt widersprüchliche und widerstreitende Empfindungen. Leidenschaft schätzt sie mehr als Zärtlichkeit. Gleichzeitig ist sie verständnisvoll und ehrlich.

Tun sich Skorpion-Frau und Skorpion-Mann zusammen, so fliegen die Fetzen. Ein Pulverfaß! Harmonischer geht's mit Widder und Steinbock, und auch der sensible Fisch und der Krebs wissen, wie sie ihren Skorpion-Partner bei Laune halten. Wassermann, Waage und Zwilling dagegen erscheinen dem Skorpion oberflächlich und daher wenig vertrauenerweckend, was ihm ganz und gar zuwider ist. Gefährlich wirken auf ihn auch Schütze und Löwe. Sie provozieren seine Eifersucht. Die Jungfrau ist ihm zu kühl, der Stier zu stur.

Amulett-Steine für den Skorpion sind Hämatit, Sarder, Sardonyx und Rubin.

Heirat der Inuit –
Eskimo in Westgrönland

Die Frau gilt den Inuit als das kostbarste Gut, das ein Mann haben kann. Ein künstlich geschaffener Mangel machte sie für den Mann besonders begehrenswert. Da es nur in der kurzen Sommerzeit möglich war, Beeren und Früchte zu sammeln, lebten die Inuit fast ausschließlich von der Jagd. Die für die Jagd untauglichen Mädchen wurden daher häufig auf Anordnung des Vaters nach der Geburt getötet. Sie galten als unnütze Esser, und man fürchtete eine mögliche Überbevölkerung.

Verlobungen im frühesten Kindesalter sollten Mädchen die Zukunft sichern. Die Ehen wurden von den Eltern arrangiert und ohne Zeremonie geschlossen. Mit dem Wohnungswechsel der Braut zum Bräutigam galt die Heirat als besiegelt. Mann und Frau konnten mehrere Gatten oder Gattinnen haben. Auch der rituelle Gattentausch als Form außerehelicher sexueller Beziehung, zum Beispiel als Abschluß einer Séance des Schamanen, war bekannt. Er konnte aber auch unter Freunden oder Geschäftspartnern stattfinden. Meist wurde die Initiative von den Männern ergriffen, die Frauen hatten sich zu fügen.

Potlach –
die Hochzeit der Kwakiutl der
Nordwestküste Nordamerikas

Das Hochzeitsfest der Kwakiutl diente dem Erwerb von Ansehen. Ungeheure Gütermengen wurden von dem Festgeber verteilt. Heiraten wurde dadurch zu Gemeinschaftsangelegenheiten. Das Potlach-Fest war eine Darstellung von Reichtum und Macht, die manchmal sogar zur Zerstörung von wertvollen Objekten führen konnte. Das Fest stand in einem solchen Widerspruch zur Denkungsart der Weißen, daß die kanadische Regierung in den 20er Jahren unseres Jahrhunderts ein Fest-Verbot aussprach, das erst in den 50er Jahren wieder aufgehoben wurde.

Durch die Heirat der Kwakiutl werden Titel und Rechte erlangt, die an die Kinder weitergegeben werden. Das Recht bezieht sich auf die Ausübung zeremonieller Tänze und die Berechtigung, bestimmte Namen zu tragen. Diese Ränge werden durch die Heirat erworben, ein Potlach dient der Bestätigung und Bekräftigung dieser Titel. Personen mit gleichem Rang gelten als ideale Ehepartner. Je höher der Rang, desto größer ist der Brautpreis, der der Mitgift entspricht.

Nach Übergabe des Brautpreises, der aus gewebten Decken bestand, zog die Braut mit ihrer Mitgift, mit Nahrungsmitteln und Haushaltsgegenständen, ins Haus der Familie ihres Mannes und nahm für vier Tage keine Nahrung zu sich. Nach der Geburt des ersten Kindes erhielt der Ehemann von den Eltern seiner Frau eine Zahlung, mit der die Heirat dann als abgeschlossen galt. Eine Kupferplatte und eine Privilegientruhe waren die wichtigsten Bestandteile dieser Zahlung. Die Truhe enthielt die Namen, die die Kinder führen durften, und bestimmte Privilegien, die zum Beispiel bei Tanzveranstaltungen galten. Der Rang der Ehefrau wurde durch die Restzahlung an den Ehemann erhöht. Nun konnte die Ehefrau wieder wählen, ob sie zu ihrer Abstammungsgruppe zurückkehrte, bei ihrem Mann blieb oder einen anderen heiratete. Blieb sie, wurde eine erneute Hochzeit und ein Potlach-Fest eingeleitet. Dieser Vorgang wiederholte sich im Verlauf der Jahre mehrmals. Von Mal zu Mal stieg der Rang der Frau. Nach vier Hochzeiten mit einem oder mehreren Männern hatte die Frau den höchsten Rang erreicht, und man erwartete von ihr, daß sie bei ihrem letzten Ehemann blieb.

Brauttausch bei den Indianern in Amazonien

Die Welt wurde von einer Frau erschaffen. Das erzählt die Schöpfungslegende der Yebámasa in Südostkolumbien. Die Frauen besaßen die sakralen Holzblasinstrumente, die als Symbol der Schöpfungsmacht galten. Sie durften nur von Frauen gespielt werden, während die Männer heutige Frauenarbeit verrichten mußten. Da versuchten die Männer mit List, den Frauen das Instrument zu entwenden. Die Weltenschöpferin versuchte, es zwischen ihren Beinen zu verstecken, doch die Männer entrissen es ihr, dabei entstand die Menstruation, und die Weltenschöpferin wurde nach dem Verlust des Symbols der Schöpfungsmacht zur gewöhnlichen Frau. Die Männer erlangten die Vorherrschaft. Das Holzblasinstrument gilt jetzt als Symbol für das weibliche Geschlechtsorgan und wird nur noch von Männern gespielt.

Die Yebámasa dürfen nur Frauen aus fünf benachbarten Clans heiraten. Es ist dem Mann erlaubt, mehrere Frauen zu heiraten. Das kommt jedoch nur selten vor. Die Heirat wird ohne Zeremonie geschlossen. Sie gilt als vollzogen, wenn die Frau das Haus der Eltern verläßt und zu ihrem Mann zieht. Der heiratswillige Mann hat in Begleitung seines Vaters mit dem Vater des Mädchens abgesprochen, welche Leistungen er zu erbringen hat. Hat er eine Schwester, so ist es üblich, daß er seine Schwester zum Tausch für die Braut anbietet, so bleibt das wirtschaftliche Gleichgewicht erhalten, und keine Familie verliert eine Arbeitskraft.

Die Iatmul in Papua-Neuguinea

Der Mann ist Krieger, Fischer und Jäger, und es wäre eine Schande für ihn, würde er seine Liebe zu einem Mädchen zeigen oder öffentlich zugeben. Nur eine Frau darf zeigen, daß sie in einen Mann verliebt ist. Deshalb ergreift sie die Initiative in Sachen Liebe, der Mann ist ihr Objekt. Unmißverständlich tut sie ihm ihre Gefühle kund, indem sie in das Haus seiner Eltern zieht. Ihm bleibt dann nichts weiter übrig, als sie zu heiraten. Die Hochzeit ist ein riesiger Austausch von Gütern zwischen den Gruppen der «Frauengeber» und der «Frauennehmer». So wird die Hochzeit durch den Brautpreis weniger eine Angelegenheit von Individuen als eine der Gemeinschaft. Fischreusen, die in der Kultur der Iatmul große Bedeutung besitzen und die Vagina symbolisieren, sind ein wichtiger Bestandteil des Brautpreises. Trommelschläge kündigen die Höhe des Brautpreises und seine Übergabe an. Die Geldgeschenke werden mit Kalk überstreut, um sie rituell von seinen bisherigen Besitzern abzulösen. Die Braut wird dann zum Haus ihres Mannes geführt. Vor dem Haus liegen die männlichen Verwandten des Bräutigams auf dem Boden. Während der Zeremonie steigt die Braut über die Männer, die dadurch ihre Bereitschaft zeigen, sie als neues Mitglied aufzunehmen. Die Frauen des Clans demonstrieren derweil, daß die Braut der Frauengemeinschaft zugehört. Sie feiern ein ausgelassenes Fest, bei dem das spannungsgeladene Verhältnis zwischen Männern und Frauen, zum Mißvergnügen der Männer, auf komische, aber deutliche Weise dargestellt wird.

Indianisches Liebeslied

Es war kein Geist, kein Vogel...

Es war kein Geist, kein Vogel;
Es war meine Flöte, die du hörtest
Letzte Nacht am Fluß,
Als du mit deinem Flechtkrug kamst,
Dort wo der Fluß die Weiden schleift.
Es war meine Flöte, die du hörtest.
Wacoba, Wacoba,
Rief sie, komm durch die Weiden!

Es war kein Wind, kein Vogel,
Der durch die Lupinen rauschte;
Es war mein Blut, das du hörtest.
Es antwortete deinem Gewandsaum,
Von dem die Gräser flüsterten.
Es war mein Blut, das du hörtest,
Dort bei der Wildrose unter den Weiden.

Es war kein unruhiges Tier,
Es war mein Herz, das du hörtest.
Im Versteck meines Wunsches
Ging es auf und ab
Zu der Musik, die aus meiner Flöte sang.
Wacoba, Wacoba,
Mein Herz hörtest du,
Das unter den Weiden klopfte.

Nachdichtung von Claire Goll

Minangkabau – Indonesien

Seit langem genießen die Minangkabau in West-Sumatra die besondere Aufmerksamkeit aller, die nach einer Gesellschaft weiblicher Abstammungslinien, ohne Vorherrschaft der Männer, suchen. Die älteste Frau der Gruppe verwahrt die «Schlüssel zur Schatztruhe». Rechte und Pflichten der Gemeinschaft eines Clans werden nur über die mütterliche, die matrilineare Linie einer Vorfahrin bestimmt. Die Familie des Mädchens sucht für die zukünftige Braut den passenden Ehepartner und nimmt Kontakt zu dessen Familie auf. Nicht unüblich ist es, eine Art «Bräutigamspreis» zu zahlen, zum Beispiel ein Motorrad. Der Mann zieht nach der Hochzeit in das Haus und damit auf das Familienland der Frau. Das schönste Zimmer des Langhauses wird zum Schlafgemach des jungen Paares. Auf diese Weise ehrt man den Ehemann und die Nachkommenschaft, für die er zu sorgen hat.

Liebe und Heirat
der Buschleute der Kalahari-Wüste

Die meisten Ehen der Buschleute gehen aus Liebesbeziehungen hervor. Die Heirat wird von den Eltern arrangiert. Dem Mann ist es erlaubt, mehrere Frauen zu heiraten, das bleibt jedoch die Ausnahme. Bei den Männern ist das heiratsfähige Alter zwischen zwanzig und dreißig Jahren.

Nach der Hochzeit lebt der Mann meistens ein paar Jahre im Lager seiner Frau. Für die Heirat sind weder Brautpreis noch Mitgift üblich. Er geht mit dem Schwiegervater zur Jagd und ernährt so die Familie mit. Für die Frau sind Menstruationsbeginn und Ehe die wichtigsten Stationen ihres Lebens. Beide Ereignisse werden gefeiert und gewürdigt. Die erste und zweite Menstruation wird mit einer Zeremonie im Lager gefeiert. Sie dauert drei oder vier Tage lang. Sie wird mit dem Menstruationstanz beendet. Das Durchschnittsalter der Mädchen bei der ersten Menstruation liegt bei sechzehn Jahren. Jede Frau hat in ihrer Kindheit durch sexuelle Spiele Wissen in dieser Hinsicht bekommen. Mit dem Einsetzen der Geschlechtsreife findet dann die sexuelle Annäherung der Ehepartner statt. Sie wurden schon im Kindesalter ihren Neigungen entsprechend von den Eltern verheiratet. Die Partner demonstrieren ihre Gefühle füreinander sehr deutlich: sie gehen allein zum Sammeln und auf die Jagd und machen sich gegenseitig Geschenke. Die meisten Buschleute führen eine Langzeitehe.

Kalmus-Liqueur (1892)

Ein leicht herzustellender, magenstärkender Liqueur, den man auf folgende Weise bereitet: 125 Gramm getrockneter, feinzerschnittener Kalmus und 37 Gramm zerschnittener Angelikawurzel, nach Belieben auch etwas bittere Pomeranzenschale werden mit 2 ½ Liter feinem Branntwein in einer gut verkorkten großen Flasche oder einem Steinkruge 3 bis 4 Wochen an einem ziemlich warmen Ort digeriert, worauf man 1 Kilo Zucker in 1 ½ Liter läutert, mit dem Branntwein vermischt, den Liqueur filtriert und auf Flaschen füllt.

Dieses Getränk ist sowohl zur guten Verdauung als auch zur allgemeinen Geselligkeit zu empfehlen.

Massai in Ostafrika

Die Massai sind Nomaden und leben in Kenia und Tansania. Die Heirat stellt mehr die Verbindung zweier Familien als die zweier Individuen dar. Sie wird von den männlichen Mitgliedern der Familie angeregt. Beim ersten Besuch des Mannes bei der Familie des Mädchens versucht er, ihr eine Kette umzulegen und Kuhdung auf den Bauch zu streichen. Das Mädchen übergibt der Mutter die Kette. Nimmt die Mutter sie an, heißt das, daß sie und ihre Tochter den Vorschlag des Vaters akzeptieren. Beim nächsten Besuch des brautsuchenden Mannes erfährt dieser, ob seine Werbung angenommen wurde. Bis zur Geschlechtsreife des Mädchens folgen viele Besuche und Geschenke, die auf den Brautpreis angerechnet werden.

122

Von den Mädchen wird erwartet, daß sie sich schon vor ihrer Geschlechtsreife unter den beschnittenen Jungen einen Liebhaber aussuchen und mit ihm erste sexuelle Erfahrungen machen. Die Klitorisbeschneidung der Mädchen findet nach der Geschlechtsreife statt.

Am Hochzeitstag wird der Bräutigam von seinem besten Freund zu dem Gehöft seiner Braut begleitet. Er bringt zwei Schafe und Honigbier für das Festmahl mit. Angehörige des Brautvaters unterrichten das Paar nach dem Essen über die Strafen bei ehelichem Fehlverhalten. Am Morgen des folgenden Tages wird die Braut reich geschmückt und mit dem perlenbestickten Zeremonialgewand bekleidet. Das Paar wird gesegnet und mit Honigbier und Milch bespritzt.

Wenn das Paar das Elternhaus der Braut verläßt und in das Gehöft des Bräutigams zieht, ist ihr Vater nicht anwesend. Auf dem Weg trägt die Braut eine Kalebasse voll Kuhmilch auf ihrem Rücken. Bei ihrer Ankunft in ihrem zukünftigen Heim wird sie von den anwesenden Frauen so lange rituell beschimpft, bis sie in Tränen ausbricht. Diese Beschimpfung symbolisiert die anfänglich geringe Stellung der neuen Frau in der Frauengemeinschaft, deren Zusammenhalt sehr groß ist und das tägliche Leben regelt.

Der Schütze 🏹
23. November bis 21. Dezember

Das Sternzeichen Schütze ist ein Feuerzeichen. Sein Herrscher ist der Jupiter, der den Schütze-Geborenen Freiheitsliebe, Unbekümmertheit und Leichtigkeit bringt. Schütze-Geborene sind aktiv und beweglich. Oft leiden sie unter Fernweh. Sie philosophieren gern und sind dem

Leben gegenüber voller Begeisterung. Schütze-Männer und Schütze-Frauen sind leicht zu entflammen und haben oft zahlreiche Affären, bis sie den Mann oder die Frau fürs Leben gefunden haben. Ihre Begeisterung wirkt ansteckend. Schützen lieben die Natur, den Sport, den Wettkampf. Sie sind gute Tänzer.

In den Feuerzeichen dominiert der Wille, und so ist auch die Schütze-Frau aktiv und selbstbewußt. Sie ist sehr stolz und hat gern einen Partner, der sie schmückt. Hat sie einen Partner gefunden, den sie bewundern kann, fühlt sie sich ihm gegenüber weniger als Geliebte denn als gleichberechtigte Freundin.

Schützen verstehen sich gut mit Löwen, denn in ihnen finden sie Partner, die wie sie von Willen und Feuer geprägt sind. Schütze und Löwe werden sich nie langweilig – eine Traumverbindung! Auch Schütze und Schütze lieben sich mit Leidenschaft. Die für den Schützen nötige Freiheit gewähren Zwilling, Wassermann und Waage. Mit dem Stier gibt es viel Übereinstimmung und Harmonie, solange sich der Schütze vom Stier nicht eingeengt fühlt. Zu eng wird es ihm dagegen mit Steinbock und Jungfrau, und der Skorpion wird giftig, wenn er feststellen muß, daß sein Schütze ihn betrügt. Dem empfindlichen Krebs und den Fischen ist eine Verbindung mit dem Schützen meist von vornherein zu gefährlich.

Glückssteine für den Schützen sind Lapislazuli, blauer Topas, Sodalith und Chalcedon.

Das Sternzeichen Steinbock ist ein Erdzeichen. In diesem Zeichen Geborene reagieren oft langsam und ruhig. Sie setzen ihre Energien ausdauernd ein. Ihre Gefühle sind beständig und verändern sich nur langsam. Der Herrscher dieses Zeichens ist der Saturn. Daraus resultieren Eigenschaften wie Ausdauer, Gründlichkeit und Konzentration. Steinbock-Geborene sind oft sehr distanziert, zielbewußt und auf die Regeln des Lebens und Zusammenlebens bedacht. Der Saturn bringt auch Eigenschaften wie Verengung und Einseitigkeit. Da Steinböcke der festen Überzeugung sind, daß weder durch Glück noch durch glückliche Zufälle für sie etwas zu gewinnen ist, bleiben sie meist sachlich und reserviert, und das auch dem anderen Geschlecht gegenüber. Dabei leiden sie oft unter ihrer eigenen Kühle und sind sehr dankbar, wenn man ihnen mit Wärme begegnet. Andererseits ruft das auch wieder ihr Mißtrauen hervor.

Steinböcke planen jeden Schritt, auch in der Liebe. Dabei ist die Zeit ihr bester Verbündeter. Steinbock-Geborene haben oft ein geniales Zeitgefühl, und sie sind geduldig genug, auf den richtigen Augenblick zu warten. Beharrlich leben sie der Stunde entgegen, die sie ans Ziel ihrer Wünsche bringt.

Der Ehrgeiz des Steinbock-Manns gilt seiner Karriere, und so muß seine Partnerin es akzeptieren, wenn ihr Steinbock nur wenig Zeit für sie hat. Das verstehen vor allem Stiere und Jungfrauen, denn auch sie streben nach materieller Sicherheit. Auch mit den Fischen und dem Krebs verbindet den Steinbock das Sicherheitsdenken. Der Skorpion möchte wie der Steinbock Karriere machen, hat aber darüber hinaus Zeit für die Liebe, was dem Steinbock gut bekommt. Steinbock und Steinbock werden sich schnell langweilig. Der Wassermann wird manchmal ein guter Freund. Den koketten Zwillingen und auch dem Schützen und der Waage traut der Steinbock nicht. Widder und Löwe sind ihm meist zu dominant und versuchen, ihm ihren Willen aufzuzwingen. Da muß die Liebe groß sein, wenn der Steinbock das mitmachen soll.

Glücksbringende Edelsteine für den Steinbock sind grüner und schwarzer Turmalin, Rauchquarz und Onyx.

Alte und
moderne Hochzeitsbräuche

Liebeszauber und
Glücksbringer

Glücksbringende Amulette und Talismane spielen überall dort eine wichtige Rolle, wo die Ausgänge von Handlungen oder Verhaltensweisen schwer voraussagbar sind. In der Liebe werden sie bei Werbung und Hochzeit eingesetzt, und natürlich zur Sicherung der Fruchtbarkeit.

Sogar Sir Francis Bacon, Verfasser einer Wissenschaftstheorie, war der Ansicht, daß ein Mann, der ein Planetensiegel als Amulett trage, leichter die Liebe eines Mädchens erringen könnte, mehr Mut entwickelte und im Kampf geschützt wäre. Im Altertum war der Schuh Fruchtbarkeitssymbol und wurde als Amulett getragen.

Fruchtbarkeit bedeutet nicht nur Kindersegen, sondern auch in weiterem Sinne Reichtum und Familienglück. Im deutschen Volksglauben entwickelte sich der Schuh zum Sinnbild für das weibliche Geschlecht. Noch heute werden in England, Schottland, Dänemark, Nordafrika und in der Türkei frisch Verheirateten alte Schuhe nachgeworfen. Als Amulett werden Schuhe gegen den fruchtbarkeitshemmenden «Bösen Blick» eingesetzt.

Der Besitz eines Hufeisens bringt Eheglück, heißt es. Am Eingang der alten Eheschmiede von Gretna Green in Schottland ist ein «Glücksbogen» aus Hufeisen angebracht. Dagegen vermeidet man in vielen Gegenden Deutschlands bis heute, Perlen zur Hochzeit zu verschenken, da jede Perle eine Träne bedeuten soll.

Jaspis und Smaragde, glaubt man in Frankreich, bringen ihrem Besitzer erotische Kraft und binden die Partner aneinander.

In Deutschland, Rußland und im angloamerikanischen Raum ist es immer noch üblich, bei der Hochzeit Getreidekörner oder Reis auf das Paar zu werfen. Auch dieser Brauch soll Glück und Fruchtbarkeit sichern. Konfetti und Blumen sind ein moderner Ersatz und verdecken den ursprünglichen Symbolismus.

Beliebt waren Amulette und Talismane auch schon immer als Aphrodisiaka, also als Mittel zur Anregung des Liebestriebes. Sexuelle Harmonie und Zärtlichkeit war und ist eine Verheißung für Glück und Dauer einer Ehe. Beifuß und Liebstöckel wirken sowohl unter dem Kopfkissen als auch, mit größerer Sicherheit, als Küchenkraut im Hochzeitsfestmahl. Doppelte Wirkung besaß die Pflanze Fernlieb (Telephilon), sie ist ein liebesstimulierendes Reizmittel und wurde als Liebesorakel eingesetzt.

Liebeselixiere, aphrodisische Latwergen (eine Art Dicksaft) und stimulierende Speisen waren in früheren Jahrhunderten häufig konsumierte Produkte. So wurde zum Beispiel zur Steigerung der Lust eine Gemüsesuppe mit frischem Brot oder eine Markklöschensuppe empfohlen. Wurden dann Pfannkuchen mit Honig und Pfeffer zum Nachtisch gereicht, stellte dies ein Höchstmaß an Ausschweifung in Aussicht. Dieses Mahl war ein einfacher und erprobter Talisman für den Genuß ehelicher Sexualität.

Wenn auch nicht als Empfehlung zum Hochzeitsmenü, so mag es vielleicht trotzdem sinnvoll und interessant sein, das Rezept, ein Juwel der erotischen Küche, in seiner im 17. Jahrhundert verbreiteten Fassung auszuprobieren.

Man nehme ein Pfund weißen Pastinak (secacul), der in der zweiten Brühe von Kichererbsen gekocht wurde, acht Unzen Riemenzunge, drei Unzen Rettichwurzeln, zwei Unzen Drachenwurz. Dies zerstampfe man und gieße Kuhmilch oder Schafsmilch darüber, die es zwei Finger breit bedecken soll. Jeweils vier Unzen Sesamöl und frische Kuhbutter sind (mit gehörig Feuer) zu kochen, bis sie eingedickt sind. Wenn es nicht genügend gekocht ist, gebe man erneut Milch, Öl und Butter zu und lasse es vollkommen gar werden. Dann füge man sechs Pfund besten Honig und eineinhalb Pfund Saft von wäßrigen Zwiebeln bei. Man läßt erneut alles kochen, bis es gute Konsistenz annimmt. Dann nehme man es vom Feuer und gebe folgendes Pulver hinein: acht Achtelunzen Schwanz und Lenden vom Skink, jeweils vier Achtelunzen Raukensamen, Kressesamen, Pastinaksamen, Senfsamen, Spargelsamen, Ingwer, Zimt, langen Pfeffer und Vogelzunge (= lingua avis = fraxinus excelsi = Esche). Wenn sie mit besagtem Fleisch vermischt sind, füge man eineinhalb Pfund geschälte Pinienkerne und zwei Unzen geschälte Pistazien hinzu. Man mische alles gut und aromatisiere es mit einer Achtelunze guten Moschus.

Mit einem charmanten Trinkspruch wirkt auch schon ein Gläschen Wein. Bereits die Griechen, Ägypter und Römer wußten: auch dieses Mittel wärmt die kalten Glieder. Fügt man einem guten Wein Angelika, Salbei und Ingwer hinzu, bietet er, neben dem Genuß, Anregung als wirksames Aphrodisiakum.

Der «honeymoon» verdankt seinen süßen Namen dem altsächsischen Brauch, nach der Hochzeitnacht einen Monat lang täglich ein Gläschen Honigwein zu trinken. Ein Gläschen soll schon Wunder bewirken! Hier das Rezept:

Honeymoon

Erwärmen Sie eine Flasche Weißwein und einen Eßlöffel Honig auf kleiner Flamme. Je einen Tropfen der ätherischen Öle aus Koriander und Muskatnuß hinzufügen, in die Flasche füllen und abkühlen lassen. Auf Ihr Wohl!

In alten Kräuterbüchern hat auch das folgende Rezept, mit dem poetischen Namen «Liebestraum», Erwähnung gefunden. Die Herstellung dauert 18 Tage. Genußmenschen versprechen: das Warten lohnt sich!

Geben Sie in eine Flasche Wodka oder in eine Flasche klaren Obstschnaps 1 Tropfen Muskatellersalbei, 1 Tropfen Zimt, 1 Tropfen Muskatblüte, 1 Tropfen Koriander, 2 Tropfen Vanille und 5 Tropfen Zitrone.

(Die Mengenangaben von Tropfen betreffen ätherische Öle.) Diese Mischung muß neun Tage ziehen. Fügen Sie dann $\frac{1}{4}$ l Wasser und $\frac{1}{2}$ Kilo Zucker hinzu, gut vermischen und weitere neun Tage reifen lassen. Zum Schluß mit einem Glas Branntwein abrunden.

Für jugendliche Schönheit, sinnliche Ausstrahlung und andere erotische Belange war schon immer Aphrodite zuständig. «Aphrodites Nektar» ist ein Wein, der all das bewirkt und köstlich schmeckt.

Wählen Sie je nach Neigung eine Flasche Rot-
oder Weißwein, und fügen Sie das Folgende
hinzu: 2 Tropfen Salbei, 2 Tropfen Rosmarin,
4 Tropfen Orange, 4 Tropfen Zimt, 2 kleine Löffel
Zucker, 1 kleines Glas Rum, und fertig ist der
Nektar. Lassen Sie den Wein drei Tage ziehen, und
trinken Sie täglich nach dem Mittagessen ein Glas
davon, tritt die oben erwähnte Wirkung ein.

Es ist seit langem bekannt, daß ätherische Öle eine große und
tiefgreifende Wirkung auf die menschlichen Gefühle haben. Die
alten Ägypter entzündeten abends aromatische Substanzen, um
dem Sonnengott Re zu danken. Die Mischung aus 16 Substanzen,
«Kyphi» genannt, war so köstlich, daß das Rezept von Griechen
und Römern übernommen wurde. «Es wiegte einen in den
Schlaf, vertrieb die Ängste, verschönerte die Träume... (und war)
aus all jenen Dingen gemacht, die einen des Nachts erfreuen.» So
beschrieb es Plutarch.

Ätherische Öle lassen sich im Wasser, auf dem Körper und im
Raum anwenden. Ihre Düfte sind Gedichte, und Homer faßte es
in folgende Verse: «Zuerst ins Bad sie steigt, und rund um ihren
Körper gießt sie sanft duftende Öle, ein ambrosischer Schauer,
die Winde, erfüllt vom Wohlgeruch, durchstreifen Himmel und
Erde auf ihren luftigen Wegen.»

Wollen Sie ein aromatisches Bad genießen, geben Sie 8 Tropfen
nach dem Einlaufen auf die Wasseroberfläche. Ihren oder seinen
Lieblingsduft werden Sie in einer Apotheke, einem Kosmetik-
geschäft, einer Drogerie oder selbst in einem Kaufhaus finden.
Schließen Sie dann die Türe, damit die Dämpfe nicht verduften.
Ein Bad von zehn Minuten wird Sie entspannen und anregen.

Nach der üblichen Waschung in der Dusche können Sie maximal 4 Tropfen auf den nassen Schwamm oder den Waschlappen geben und damit schnell über den ganzen Körper reiben. Bleiben Sie dabei weiter unter dem Wasserstrahl der Dusche, und ziehen Sie den aufsteigenden Duft kräftig durch die Nase ein. Ihre Räume können Sie durch Duftlampen aromatisch bereichern.

Hier eine Auswahl besonders weiblicher Öle:

Benzoe ist warm, schenkt Energie, durchdringt emotionale Mauern und provoziert erotische Gedanken.

Bergamotte ist überzeugend und ursprünglich, hilft Depressionen beseitigen und belebt Ihr Sexualleben.

Piment ist leidenschaftlich und wild, feurig, scharf und gut geeignet, wenn man ausgehen und sich amüsieren will.

Jasmin ist sanft und machtvoll, beruhigt und entspannt Sie und weckt in Ihrem Partner Begehren.

Rose (Marokkanische) ist warm, geheimnisvoll, dunkel, leidenschaftlich und verschwenderisch, weckt tiefe Gefühle.

Muskatellersalbei macht unbesonnen und euphorisch, vertreibt Melancholie und Streß und weckt die sexuellen Kräfte in Ihnen.

Ylang Ylang ist intensiv und süß, aufregend exotisch, vertreibt Eifersucht und stimuliert die Sinne.

Limette ist bittersüß und intensiv. Sie puscht zur Aktivität – Feingefühl ist der Limette fremd.

Hyazinthe ist sanft und süß, sie berauscht und öffnet Ihr Herz, sie hilft Ihnen, bis in Ihr Innerstes vorzudringen.

Majoran nimmt Ihnen die Furcht vor der Liebe, er stärkt die sexuelle Energie und vertreibt die Gefühlskälte.

Verbene ist zart und sanft und zaubert das Glück herbei. Sie vertreibt Erschöpfung und belebt neu.

Kamille (Römische) vertreibt Nervosität und Ärger, entspannt Sie und vertreibt die Gespenster der Vergangenheit.

Die Liebes-Begegnung in einem wohlduftenden Raum weckt nicht nur bei Plutarch die schönsten Phantasien. Hier die besonders männlichen Öle:

Muskatellersalbei ist warm und begehrend, verführerisch und männlich und entspannt träumerisch den Geist.

Zedernholz verleiht Ihnen Kraft und Stärke, es harmonisiert den analytischen Verstand und setzt körperliche Spannung frei.

Kümmel ist erotisch, bizarr und bewirkt den Fluß der Körpersäfte und das Durchdringen der Sinne bei Mann und Frau.

Myrrhe ist rauchig, geheimnisvoll und verführerisch. Sie macht mutig und stark, erfüllt von tiefer Leidenschaft.

Narzisse ist erdig und hypnotisch und weckt das Verlangen nach Sinnlichkeit.

Jasmin ist von dunkler, nächtlicher Schönheit. Er weckt das Weibliche, verleiht den Wünschen Ausdruck und lockt den Verführer.

Lorbeer ist unverwechselbar und provoziert mit sexueller Ausstrahlung. Er fördert originelle Entscheidungen.

Sandelholz ist süß, gehaltvoll und warm, ein sehr männliches Öl, es verführt und beruhigt gleichermaßen. Sie können mit sich, Ihrer Frau und der Welt Frieden schließen.

Ambrette stimuliert den leidenschaftlichen Mann. Es ist animalisch, rauschhaft, aber nicht aggressiv.

Kardamom hat eine zutiefst sexuelle Natur. Es weckt das Erotische im Mann und ist wie geschaffen für den sinnlichen und klaren Denker.

Basilikum macht aus Ihnen einen Draufgänger, es stärkt die Nerven, die Konzentration, den Geist und die Sinne.

Patschuli ist warm und erdig, betont das Maskuline und stimuliert Ihre Gefühle. Es ist sehr intensiv und von suggestiver Sinnlichkeit.

Geranium läßt Sie leicht und positiv zu Ihren Gefühlen stehen und fördert sexuelle Beziehungen.

Im alten Ägypten, im Jahre 2450 vor Chr., gab der Pharao Phaotep seinen Untertanen Anweisungen für eine gute Ehe: «Als ein Mann von Stand solltest du ihren Bauch füllen, ihren Rücken kleiden und ihren Leib salben.» Kein schlechter Rat. Lassen Sie sich den Leib mit folgendem Massageöl salben, es steigert das sexuelle Verlangen.

Lösen Sie in 30 ml Mandelöl folgende ätherische Öle: 6 Tropfen Marokkanische Rose, 6 Tropfen Jasmin.

Mehr über die Wochentage

Sonntag

Dem Sonntag wird der Erzengel Michael zugeordnet. Er ist der Fürst der Engel. Unter den Elementen wird dem Sonntag das Feuer zugedacht. Unter den Sternzeichen der Löwe und unter den Planeten die Sonne. Die Farbe Goldgelb – das Metall Gold. Von den Gewürzen der Safran und der Weihrauch, von den Blumen und Pflanzen die Ringelblume, Disteln, Nesseln, die Sonnenblume und der Rosmarin und von den Tieren die Wildkatze und die Eule.

Montag

Der Montag ist der Tag des Erzengel Gabriel und des Wassers, des Sternzeichens Krebs, des Mondes, der Farbe Silberblau, des Silbers, der Düfte Jasmin und Patschuli, der Pflanzen Mohn und Winde und der Tiere Krebs und Ziegenmelker.

Dienstag

Der Dienstag ist der Tag Samuels unter den Engeln, des Feuers, des Widders und des Skorpions. Von den Gestirnen wird dem Dienstag der Mars zugeordnet, von den Farben das Rot, das Metall Eisen, der Duft Kiefernadel, die Pflanzen Knoblauch und Hagedorn und der Widder und der Falke.

Mittwoch

Dem Mittwoch wird der Erzengel Raphael zugedacht, wie auch das Element Luft, die Sternzeichen Zwillinge und Jungfrau, der Planet Merkur, die Farbe Gelb, das

Metall Quecksilber, der Duft Sandelholz, die Gewürznelke, die Farne, der Ginster und der Fenchel, der Hund und die Elster.

Donnerstag

Der Donnerstag ist der Tag des Feuers, der Sternzeichen Fische und Schütze, des Planeten Jupiter und der Farbe Purpur. Außerdem wird dem Donnerstag das Metall Zinn zugeordnet, Zedernduft und Salbei, Flieder und Magnolie, der Bär und der Adler.

Freitag

Der Freitag ist der Tag der Erde, der Sternzeichen Stier und Waage, der Venus, der Farbe Grün, des Kupfers, des Rosenholzes und des Muskats, der Orchideen, der Rosen, Veilchen, der Pfefferminze, des Majoran, der Katze und der Taube.

Samstag

Dem Samstag wird unter den vier Elementen die Erde zugeordnet, außerdem ordnet man ihm die Sternzeichen Steinbock und Wassermann zu, und den Saturn, die Farben Braun und Schwarz, das Metall Blei, die Myrrhe, die Eibe, die Chrysantheme, die Schildkröte und den Raben.

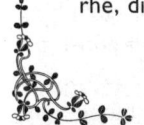

Feste und Spiele

Schon früh suchten die Menschen nach Geborgenheit und nach einem sicheren Hort im Chaos der Welt. So bildeten sich im Lauf der Zeit die hohen Tage und besonderen Orte heraus, an denen auch heute noch die Höhepunkte des Lebens feierlich begangen werden. Feste gehören zum ältesten Menschheitserbe. Sie begleiten die großen Ereignisse im Lebenslauf und gliedern die Zeit in Anfang, Höhepunkt und Ende. Feste wurzeln tief in der religiösen und sozialen Herkunft des Menschen.

Das Sakrale und das Profane sind die Pole, zwischen denen das Leben der Menschen schwingt. Die Sehnsucht und die Gefühle der einzelnen spiegeln sich in den Festen, Riten und Symbolen wider. Deshalb werden Feste nicht an beliebiger Stelle gefeiert, sondern an ausgewählten und gestalteten Orten: in Kirchen, Gasthäusern, Festsälen, Clubräumen oder auch unter freiem Himmel und unter den Sternen, in Höhlen oder großen Heuschuppen.

Übergangssituationen sind ein besonderer Anlaß zum Feiern, und immer spielen rituelle Elemente eine große Rolle. Damit aus einer Handlung ein Ritus wird, muß sie von der Alltäglichkeit und Routine des Gewöhnlichen abgetrennt werden. Darüber hinaus darf der Glaube nicht fehlen, durch den Ritus mit der unsichtbaren Welt zu kommunizieren, sonst bleibt die Handlung eine Technik ohne Inhalt. Riten sollen Götter zu einer günstigen Haltung bewegen und sie veranlassen, Heil und Hilfe zu spenden.

Festliche Versammlungen kommen nicht ohne Symbole aus. Symbole verbinden Menschen miteinander, sie schaffen Identität. Das Brautpaar erhielt im antiken Griechenland einen Efeuzweig als Symbol unvergänglicher Treue, denn das Efeu eignete sich besonders gut als Sinnbild der Verbundenheit, weil es nicht bestehen kann, ohne sich anzuschmiegen.

In vielen Hochzeitsbräuchen wird ein Raub der Braut angedeutet. Dabei handelt es sich um ein Trennungsritual. Die junge Frau verläßt ihre Familie und beendet den Lebensabschnitt ihrer

Mädchenzeit. Auch der Bräutigam trennt sich von seinem Dasein als Junggeselle und tritt in eine neue Verantwortung. Viele Hochzeitsbräuche versinnbildlichen den Abschied von der Kindheit: Spielzeug wird zerbrochen, Kleider werden gewechselt, Bänder werden zerschnitten oder die Braut entführt. Auch der Polterabend hat diesen Sinn: Geschirr wird zerschlagen, auf daß die Scherben Glück bringen mögen.

Symbole, die dem Paar Fruchtbarkeit wünschen, sind ebenfalls bei allen Völkern üblich: Die Hochzeiter werden mit Reis, Getreide oder Konfetti beworfen; kleine Kinder streuen vor dem Brautpaar Blumen aus; alle Gäste erhalten ein Tütchen Blumensamen und säen es aus. Auch der Brautschleier ist tief in der Mythologie verwurzelt und in allen Kulturen verbreitet: Wenn der Bräutigam den Schleier hebt, sieht er die Braut, als sei es zum erstenmal.

Die Hochzeitssitten der Völker sind ebenfalls reich an Ritualen der Vereinigung: Ein Mahl wird gemeinsam eingenommen, und es werden Ringe, Gürtel und Ketten getauscht. Ob in Indien oder Niederbayern, in ihrem rituellen Ablauf sind sich Vermählungen weltweit ähnlich: Abholen der Braut; öffentliche Präsentation des Paares und seine symbolische Vereinigung; Festmahl, Gelage, Tanz und Spiel; Glückwünsche der Fruchtbarkeit von Haus und Körper; Entlassung in die Hochzeitsnacht zur körperlichen Vereinigung.

Wird der Sinn eines Symboles nicht mehr wahrgenommen, verkümmert es zum Klischee. Wird die Bedeutung eines Ritus unwichtig, verarmt es zum sinnentleerten Ritual. Deshalb will dieses Buch Anstoß geben, sich von den vielen Riten, Symbolen und Bräuchen bei der Gestaltung eines Hochzeitsfestes inspirieren und bereichern zu lassen.

Im Spiel erwacht die Kultur, und bei jedem Fest gilt, wer den Ernst des Alltags hinter sich lassen will, muß bereit sein, die Welt mit anderen Augen zu sehen. Um sie als Teil einer neuen Sphäre auszuweisen, müssen Personen und Handlung «eingerahmt» werden. Das kann auf einfache Art geschehen: durch eine Geste wie die freundliche Begrüßung, durch Ausrufe wie: «Willkommen, das Fest ist eröffnet!»; oder durch Musik, Klänge und Gesang.

Durch Grußrituale wird die Größe des festlichen Ereignisses und freundliches Willkommen demonstriert. Das Außergewöhnliche erhält eine große Form und stimmt die Gäste ein. Wir finden dieses Muster auch noch beim Händeschütteln. Durch den Druck wird Kraft demonstriert, gleichzeitig wird das Gegenüber durch ein Lächeln beruhigt. Lächeln scheint überhaupt der wichtigste Ausdruck der Geselligkeit zu sein – wichtig vor allem, wenn einander fremde Menschen auf engem Raum zusammenkommen, wie bei einer Hochzeit. Lockert sich eine Gesellschaft, vielleicht mit einem Begrüßungscocktail in der Hand, kommen die Gäste einander lächelnd näher. Erste Lacher sind zu hören. Lachen wird zu Recht gern als Musik beschrieben. Zu einem Fest gehören Lächeln und Lachen, Spiel, Musik und Tanz.

Spiel und Fest sind innig verwoben. Im Gegensatz zur Arbeit des Alltags drücken Spiel und Fest vor allem Freude und Wohlbehagen aus. Durch festliche Kleidung will man sich schmücken und über Alltagssorgen erhaben zeigen. Das äußert sich in der ästhetischen Selbstdarstellung, die zu jedem festlichen Anlaß gehört. Kleidung, Make-up oder Körperbemalung und Schmuck sind Gradmesser für persönliches Ansehen und soziale Stellung.

Wenn die Freundinnen der Braut und die Freunde des Bräutigams gewisse Verantwortlichkeiten übernehmen, trägt das ebenfalls zu einem entspannten und freudigen Hochzeitsfest bei, nicht nur für das Paar. Das Baden, Ölen und Schmücken der Braut kann für sie und ihre Freundinnen ein schönes gemeinsames Erleben sein, auch wenn die Kosmetikerin ins Haus kommt. Sich in Geselligkeit auf das Fest vorzubereiten ist schöner, als wenn man allein ist. Auf jeden Fall sollte vermieden werden, daß auf dem Paar Verpflichtungen lasten, die es ihm unmöglich machen, sich an seinem großen Fest zu erfreuen.

Spiele und das Unterhaltungsprogramm für die Gäste, die Musik und auch das Dokumentieren des Festes durch Fotografen sind am besten in professionellen Händen aufgehoben. Das sensible Zusammenspiel der Erwartungen, die an ein Hochzeitsfest von seiten der Eltern, Verwandten und Freunde, also schon allein durch das Zusammentreffen mehrerer Generationen entstehen, bedarf einer sorgfältigen Vorbereitung. Die Tradition, die noch vor nicht langer Zeit bindende Muster vorgab, existiert heute nicht mehr. Sie bietet keinen Schutz mehr. Heute können wir dieses schöne Fest völlig frei gestalten und uns Anregungen von allen Seiten holen.

Wenn man sich mit Eltern, Geschwistern und Freunden gemeinsam auf das Hochzeitsfest vorbereitet und mit ihnen eine «Dramaturgie» erarbeitet, kann das zu seinem Gelingen nur beitragen. Ideen anderer können eine Bereicherung sein. So kann es ein Fest bereichern, wenn man feierliche Elemente anderer Kulturen entlehnt und umgestaltet. Wir können uns freimachen von überkommenen Formen und eigene Vorstellungen entwickeln. Heute käme keiner auf die Idee, von «heidnischem Unsinn» zu sprechen, wenn wir zum Beispiel unter dem nächtlichen freien Himmel eine Trauzeremonie vornehmen.

Der Polterabend und
andere Bräuche für den Hochzeitstag

Bei der Gestaltung eines Polterabends sind keine festen Regeln gesetzt. Es kommt nur darauf an, daß möglichst viel Geschirr, Porzellan und andere Töpferwaren zerbrochen werden. Das geschieht mit möglichst viel Krach, geht es doch darum, böse Geister zu vertreiben und freundliche Hausgeister anzulocken. Die Polterer sollten dabei mit Getränken und einem kleinen Imbiß bewirtet werden.

Die Hochzeitskette

Zum Schluß des Polterabends, zumindest aber kurz vor dem Kirchgang, schenkt der Bräutigam der Braut eine Kette. Sie symbolisiert einen geschlossenen magischen Kreis und soll die Braut schützen.

Das Schräppeln

Am Montag vor der Hochzeit binden die Freundinnen der Braut Blumenkränze und Girlanden, die mit roten Tüchern oder Bändern dekoriert werden. Die rote Farbe soll die bösen Geister abwehren. In manchen Gegenden werden hierfür auch Tannenzweige, die mit weißen Blumen und Myrte geschmückt sind, verwendet, denn die immergrüne Myrte ist ein Symbol der Liebesgöttin Venus. Daher kommt auch der Myrtenkranz, den die Braut in manchen Gegenden als Brautkrone trägt. Beim Schräppeln wird der Braut zusammen mit den bunten Kränzen ein Tischtuch für den neuen Haushalt überreicht.

Auch die Blumenstreukinder bringen Glück und Fruchtbarkeit. Wenn sie am Hochzeitstag vor dem Brautpaar hergehen und Blüten streuen, wird die Ehe – das ist der Grundgedanke dieses Brauchs – kinderreich und auch in anderer Hinsicht fruchtbar sein.

Reiskörner nachwerfen

Auch das Bewerfen des Brautpaares mit Reiskörnern ist eine Geste, die Fruchtbarkeit bringen soll. Die Reiskörner symbolisieren den Segen, der ihnen von Freunden und Familienangehörigen gewünscht und buchstäblich nachgeworfen wird, wenn das Paar die Kirche verläßt. Die Reiskörner können übrigens auch durch Konfetti ersetzt werden. Wenn sie am Hochzeitstag herabregnen, bringt das Glück. Denn auch der Regen ist ein Symbol für Fruchtbarkeit. Ebenfalls für raschen Nachwuchs soll ein auf dem Dach des Hauses befestigter Kinderwagen sorgen.

Seil spannen

Vor der Kirche spannen die Freunde des Bräutigams ein Seil, um dem Hochzeitspaar den Weg zum Altar zu verweigern. Erst wenn sich der Bräutigam bereit erklärt, Wegezoll zu bezahlen, wird der Weg in die Kirche und zur Trauung freigegeben. Mit diesem Wegezoll, der aus einem Geldbetrag oder einem Fäßchen Bier bestehen kann, kauft sich der Bräutigam gleichzeitig von seinen Jugendsünden frei.

Hausschlüssel ergreifen

Wenn die Hochzeitsfeier in einer Gaststätte stattfindet, wird das Brautpaar dort empfangen, indem ihm auf einem Tablett je ein Glas Wein serviert wird. Neben den beiden Gläsern liegt ein Schlüssel. Braut und Bräutigam greifen zum Glas und trinken es aus, so schnell sie können. Derjenige, der zuerst ausgetrunken hat, nimmt sich den Schlüssel. Es heißt, daß er die Schlüsselgewalt in der Ehe haben wird.

Über die Schwelle tragen

Beim ersten Betreten der neuen Wohnung trägt der Bräutigam die Braut über die Türschwelle, denn so – dachte man – gelingt es ihm, die bösen Geister, die die Braut verfolgen, abzuschütteln und ihre Spur zu verwischen. Übrigens kann die Braut auch selbst aktiv werden und die bösen Geister abschütteln, indem sie einen möglichst großen Sprung über die Schwelle macht.

Und noch ein Abwehrzauber:

Vor dem Haus werden Bräutigam und Braut von ihren Freunden mit Nüssen und Feigen, Korn, Münzen und Süßigkeiten überschüttet. Bei diesem Brauch handelt es sich um die Relikte eines rituellen Opfers, das den Haus- und Herdgottheiten dargebracht wurde. Es sollte die Geister mit den Neuankömmlingen versöhnen.

Brautjungfern und Brautführer

Auch die Brautjungfern und Brautführer hatten früher die Aufgabe, böse Geister abzuwimmeln und zu täuschen. Denn indem man die Braut zwischen den Brautjungfern versteckte und den Bräutigam zwischen gleichaltrigen Männern, sollte das Paar vor den Dämonen verborgen werden.

Auch der Brautschleier, der später von den Christen zum Symbol der Jungfräulichkeit uminterpretiert wurde, hatte ursprünglich die Aufgabe, die Braut vor Dämonen zu verbergen.

Die Sitte des Verschleierns übernahmen die Christen von den Römerinnen. Die Römerinnen trugen ihre Schleier allerdings in Rot.

Das Schleier-Abgeben

Auf dem Höhepunkt der Hochzeitsfeier nimmt die Braut den Schleier ab. Dann bekommt sie die Augen verbunden. Alle nicht verheirateten Frauen tanzen jetzt um sie herum. Die Braut versucht, eine der Tänzerinnen festzuhalten und ihr den Schleier aufzusetzen. Es heißt dann, daß diejenige, die nun den Schleier trägt, die nächste Braut sein wird.

Die Entführung der Braut

Die Brautentführung ist ein Brauch, der an die Zeiten erinnern soll, in denen der Brautraub eine weit verbreitete Sitte war. In Gesellschaften mit Männerüberschuß wurde die Braut manchmal sogar während der Hochzeitszeremonie entführt, und ein Bräutigam, der dagegen machtlos war, war es in den Augen der Anwesenden auch nicht wert, seine Braut zu behalten.

Heute ist das Entführen der Braut ein Spaß, der die Feier auflockern kann und ein willkommener Anlaß ist, vom Bräutigam Lösegeld zu kassieren.

Den Brautschuh versteigern

Ein weiterer Brauch ist es, einen der Brautschuhe zu versteigern. Dabei können alle mitmachen. Jeder Bieter zahlt die Differenz zum von seinem Vorgänger gebotenen Betrag, und einer der Gäste geht mit einem Hut herum und sammelt das Geld ein. Natürlich muß der Bräutigam beim Steigern mithalten und am Schluß alle überbieten, denn kann er nicht dafür sorgen, daß seine Braut wieder ein komplettes Paar Schuhe hat, wird er sie auch nicht ernähren können. Übrigens bezahlte die Braut früher ihre Brautschuhe selbst mit Pfennigen, um so unter Beweis zu stellen, daß sie sparsam war und auch als Ehefrau sorgfältig mit dem Geld umgehen würde.

Die Hochzeitsgeschenke

Am Tag der Hochzeit hat man meist weder die Zeit noch die Ruhe, alle Geschenke auszupacken und sich darüber zu freuen. Deshalb ist es besser, das Auspacken gleich auf den nächsten Nachmittag zu verlegen. Schön ist es, das Auspacken dann mit den Kuchenresten vom Hochzeitstag als kleines Fest zu gestalten und Familienangehörige oder Freunde beim Auspacken helfen zu lassen.

Der Hochzeitskuchen

Der Hochzeitskuchen ist ein Fruchtbarkeitssymbol. Seine traditionell genau festgelegten Zutaten sind Mehl, Honig, Mandeln und verschiedene Gewürze, die auch in Lebkuchen verwendet werden. In Thüringen verschenkte man den «Hochzeitslebzelten» aus Lebkuchenteig im ganzen Dorf.

Die Hüllenmahlzeit

Um Mitternacht wird mit einer üppigen Mahlzeit der Übergang des Brautpaares in den Zustand des Verheiratetseins gefeiert.

Der Kellertanz

Zum Abschluß der Hochzeitsfeier bewaffnen sich alle Gäste mit Töpfen und Topfdeckeln, Kochlöffeln und Pfannen und gehen gemeinsam singend und lärmend durch das Haus. Auf diese Art können auch die allerletzten bösen Geister verjagt werden. Auch der Brauch, an die Stoßstange des Hochzeitswagens Blechdosen zu binden, bezweckt die Vertreibung neidischer Dämonen.

Das Holzsägen

Dieser schöne alte Brauch kann entweder direkt nach der Kirche oder dem Standesamt oder vor der Abfahrt in die Flitterwochen von Freunden und Angehörigen inszeniert werden. Mit Hilfe eines Baumstammes versperren sie dem Paar den Weg, und Braut und Bräutigam müssen nun den Baumstamm mit vereinten Kräften und nur einer Säge durchsägen. Die Symbolik dieses Brauches will darauf hinweisen, daß auch der Weg ins Glück manchmal voller Hindernisse ist, die nur gemeinsam und mit Liebe und Mut überwunden werden können.

Musik

Die Musik ist ein wichtiger Bestandteil jedes Hochzeitsfestes. Schon in der Kirche wird die Zeremonie von Musik begleitet. Dabei kann ein Chor oder ein Orchester auftreten. Schön ist es, wenn die Musiker aus dem Bekanntenkreis oder aus der Nachbarschaft kommen. Vielleicht sind ja auch musikalische Begabungen unter den Gästen. In der Kirche wird es auf jeden Fall Orgelmusik geben, und hier können, wenn Sie den Organisten rechtzeitig darum bitten, besondere Musikwünsche erfüllt werden.

Den Nachmittag kann man ohne Musik verbringen oder gegebenenfalls mit leiser Musik von Schallplatte, Kassette oder CD, die unaufdringlich die Unterhaltung der Gäste untermalt. Aber am Abend, wenn getanzt werden soll, tritt die Musik in den Vordergrund. Auch hier ist es schön, wenn Familienmitglieder,

Freunde und Bekannte zumindest als «Highlights» im abendlichen Musikprogramm auftreten.

In größeren Städten gibt es inzwischen Bands jeder Stilrichtung. Ob Highlife, Jazz, Samba, Calypso, ausschlaggebend ist hier der Musikgeschmack des Brautpaars. Allerdings sollte bei der Auswahl einer Band immer auch daran gedacht werden, daß die Musik alle Gäste, die ja oft drei verschiedenen Generationen angehören, begeistern und zum Tanzen animieren soll. Bedacht werden sollte auch, daß eine Live-Band nicht ganz billig ist. Zweihundert Mark für den Abend pro Musiker dürfte etwa das Minimum sein, und je professioneller die Band, desto höher die Gagen. Trotzdem ist eine Live-Band natürlich jeder anderen Möglichkeit vorzuziehen, denn es wird den Musikern besser gelingen, die Stimmung im Publikum anzufeuern und auf Wünsche aus dem Publikum einzugehen.

Sollte man sich für Musik von Kassette, CD oder Schallplatte entscheiden, ist es wichtig, einen guten Diskjockey dabeizuhaben, der genug Eigeninitiative und Musikkenntnisse hat und auch durch eigene Beiträge für eine gute Stimmung sorgen kann.

Wo heiratet es sich am schönsten?

In *Amberg* in der Oberpfalz steht das kleinste Hotel Europas, das sogenannte *Eh'häusl*.

Seine relativ schlichte Erscheinung verbirgt ein luxuriöses Inneres, das allerdings, klein wie es ist, gerade zwei Menschen beherbergen kann. Das Eh'häusl wurde 1728 erbaut und ist schmal wie ein Handtuch. Es gab damals nämlich in Amberg ein Gesetz, das bestimmte, daß nur derjenige heiraten durfte, der über Hausbesitz verfügte. Um dieses Gesetz zu erfüllen, wurde das Eh'häusl gebaut und von einem Paar an das nächste weiterverkauft.

Auskünfte und Buchungen über Kaufhaus Storg, 92224 Amberg.

Eine weitere romantische Übernachtungsmöglichkeit für die Hochzeitsnacht bietet das *Hotel Goggl in Landsberg am Lech*. Das Hotel wurde im Jahre 1667 gebaut. Es beherbergt ein Prunkzimmer, das sogenannte Fürstengemach, in dem schon der Bayernkönig Ludwig II übernachtet hat.

Anmeldungen nimmt das Fremdenverkehrsamt unter der Telefonnummer 0 81 91 / 12 82 46 entgegen.

Die kleine Kapelle in der *Kölner Innenstadt* wird von den Kölnern selbst «*Trümmermadonna*» genannt, denn in ihrem Innern gibt es eine kleine Madonnenfigur, die hier vor den Kriegsbomben gerettet wurde. Schon in den 50er Jahren war St. Kolumba ein beliebter Wallfahrtsort für Brautpaare.

Nach altem kanonischen Recht war für eine Eheschließung die Eheerklärung zweier Personen ausreichend. Die Ehewilligen brauchten keine weiteren Dokumente. Ein solches Recht gab es im benachbarten England nicht, und so zogen viele heiratswillige und vor allem minderjährige Paare, die in England die Erlaubnis-Erklärung ihrer Eltern benötigt hätten, in das kleine schottische Städtchen, das unmittelbar hinter der Grenze lag.

Gretna Green wurde berühmt, und die Gemeinde erkannte schnell, wie sich aus diesem Ruhm Gewinn machen ließ. Man spezialisierte sich auf Eheschließungen. Die Bedingung war, daß die Brautleute vor der Hochzeit mindestens 21 Tage in Schottland verbracht hatten.

Seit 1969 ist es in Gretna Green nicht mehr möglich, ohne Dokumente zu heiraten. Auf Grund von Beschwerden aus den benachbarten Ländern wurde die Eheschließung nach dem alten kanonischen Recht auch hier abgeschafft.

Eine Art Nachfolge des «Hochzeitsparadieses» Gretna Green hat das dänische Städtchen *Tondern* angetreten.

Nur drei Kilometer von der deutschen Grenze entfernt gibt es hier die Möglichkeit, mit einem relativ geringen Aufwand an Bürokratie zu heiraten. Das ist vor allem interessant für Paare, die es aus den unterschiedlichsten Gründen schwer haben, an die sonst nötigen Papiere zu kommen.

In Tondern genügt neben dem Reisepaß eine Aufenthaltsgenehmigung und bei Geschiedenen das Scheidungsurteil. Weiter ist es Bedingung, daß das Brautpaar sich mindestens 5 Tage lang in Tondern aufhält, denn so lange dauert die Aufgebotsfrist. Die Hochzeit findet im Rathaus statt, und wenn nötig, besorgt der Bürgermeister die Trauzeugen.

Andere dänische Gemeinden wollen diese unkomplizierte Art der Eheschließung ebenfalls möglich machen. Die Deutsche Bundesbahn bietet bereits in Zusammenarbeit mit dem skandinavischen Reisebüro in Frankfurt *Heiratspauschalreisen* unter dem Stichwort «*Marriage Danish Style*» an.

Blitzheirat. Wem es nicht schnell genug gehen kann mit der Eheschließung, der sollte nach *Las Vegas* fahren. Dort werden Eheschließungen und Ehescheidungen innerhalb von 24 Stunden durchgeführt.

Und noch eine Adresse für Eilige: Auf dem internationalen *Flughafen Arlanda in Stockholm* kann man sich auch in Windeseile trauen lassen. Die skandinavische *Fluggesellschaft SAS* stellt nicht nur die Erste-Klasse-Lounge zur Verfügung, sondern vermittelt auch einen Geistlichen. Sollte das junge Paar anschließend die Hochzeitsreise in der «Euro Class» antreten, bekommt es von der Fluggesellschaft die Kosten für die Trauung ersetzt.

Soll eine Ehe im Ausland geschlossen werden, so wird dort vom deutschen Partner ein Ehefähigkeitszeugnis verlangt. Man erhält dieses Dokument beim heimatlichen Standesamt.

Deutsche, die ihren festen Wohnsitz bereits im Ausland haben, erhalten das Ehefähigkeitszeugnis vom Standesamt Dahlem, Lentzeallee 107, 14195 Berlin.

Über die Lieder

Ich mache die kleinen Lieder
Der Herzallerliebsten mein,
Die heben ihr klingend Gefieder
Und fliegen zu dir hinein.

Es stammen die kleinen Jungen
Vom schnalzenden Herrn Gemahl,
Die kommen zu dir gesprungen
Über Wiese, Busch und Tal.

Die Leute so gerne weilen
Bei meiner Lieder Chor;
Doch bei der Jungen Heulen
Sie halten sich zu das Ohr.

Und der dies Lied gesungen,
Der liegt allein in der Nacht
Und hätte weit lieber die Jungen,
Ach, als die Lieder gemacht.

Heinrich Heine

Die Bedeutung des Rings

Der Ring als Unterpfand der Treue hat eine lange Geschichte und führt in das Rom des Altertums zurück. Bei Plinius erfahren wir, daß nur die Braut von ihrem zukünftigen Gemahl einen Verlobungsring aus Eisen erhielt. Hundertfünfzig Jahre später schreibt Tertullian von goldenen Verlobungsringen. Bodenfunde förderten eine Vielzahl von Ringen aus Eisen und Gold zutage, die sich durch Inschriften wie «Pignus amoris habes», «Du hast meiner Liebe Pfand», als Verlobungsringe ausweisen. Diese römische Sitte wurde von den Christen übernommen und weitergegeben.

In der zweiten Hälfte des 11. Jahrhunderts wurde die fragmentarisch erhaltene lateinische Ruodliebdichtung von einem Mönch im Kloster Tegernsee niedergeschrieben. Sie handelt von der Eheschließung des Neffen Ruodlieb und beschreibt eine seltsame Handlung. Der Bräutigam wetzt sein Schwert und steckt den Ring an den Griff. Der Dichter betont die Bedeutung der Handlung mit den Worten: «Wie der Reifen den Finger völlig umfängt, so verpflichte ich dich zu fester, unerschütterlicher Treue.» Das Schwert, sagt der Dichter, soll Anwendung bei der Untreue finden. Eine Frau, die ihre Pflichten verletzt, wird enthauptet. In der Dichtung entzieht sich die Frau diesem Anspruch. Sie argumentiert mit Adam, dem es ebenfalls nicht gegeben war, zwei Even zu wählen. Dem Mann sei es also demnach auch nicht erlaubt, Hurerei zu treiben. Darauf bestätigt der Jüngling, daß ihr das gleiche wie ihm zustünde. Auch sie darf den Ehebruch mit dem Schwert ahnden. Der Ring wurde nun zum Ehering, zum Zeichen der Gattentreue.

Der Theologe Johannes Herolt (gestorben 1468) schreibt, der kreisrunde Ring zeige die Verpflichtung zur Beständigkeit in der Liebe, die allein der Tod beenden dürfe.

Doch nicht nur der Form des Ringes, sondern auch der Frage, an welchem Finger der Ring getragen werde, kam eine tiefe Bedeutung zu. Auf Empfehlung des im 7. Jahrhundert lebenden Isidor von Sevilla übernahm das «Manuale curatorium» des Johann Ulrich Surgant (gestorben 1503) die Anweisung, daß der «mahelring» an den vierten Finger der linken Hand gehört. Schon die antike Blutlehre war der Überzeugung, daß eine Arterie dieses Fingers, die man «vena amoris», «Liebesader» nannte, direkt zum Herzen führt. Der Ring fand über die Liebesader Anschluß an das Herz und wurde so zu einem weiteren Zeichen der Liebe und Treue.

Römer und Griechen trugen den Ring am Ringfinger der linken Hand, die Gallier am Mittelfinger. Heutzutage wechselt der Ring bei der Trauungszeremonie vom Ringfinger der linken zur rechten Hand.

Verlobungs- und Eheringe hatten nicht immer die glatte und schmucklose Form, die heute als Symbol der Bindung gebräuchlich ist. Bis in das 17. Jahrhundert waren ineinandergreifende Hände, Herzen, Zwillingsringe oder Liebesknoten geläufige Motive der Liebessymbolik. Auch Edelsteine waren Ausdruck eines Versprechens. Rubine sicherten Glück und Liebe. Der Saphir verbürgte Treue. Shakespeare erwähnt in «Cymbeline» den Diamantring als Zeichen der Treue.

Auch Trauringgravuren haben eine alte Tradition. «Ich bin din du min» war über die Zeit der Minnesänger hinaus sehr beliebt, ebenso «In mir ist Treu» oder «Du hast mein Herz». Im 15. Jahrhundert versprachen manche auch «immer und immer» sichtbar auf der Außenseite des Ringes. Manchmal hieß es aber auch drohend: «Nimm Dich in acht» oder schlicht «Liebe und gehorche».

Nach einem alten Aberglauben verliert die Liebe des Ehepartners, wer den Ring verliert. Deshalb wird vorsichtshalber empfohlen, den Ehering niemals abzulegen.

Geschenke

Nicht von Aussteuer, Mitgift oder Listen der nützlichen Dinge soll hier die Rede sein, sondern von den Gaben, mit denen man dem Hochzeitspaar gegenüber Liebe und Zuneigung ausdrücken will.

Zu einem Fest gehören Geschenke, die nur der Freude dienen und nicht im Austausch von Waren ihre Bestimmung haben; große, kleine und selbstgemachte Geschenke, um deren Bedeutung man weiß.

Schmuck war schon immer ein glänzendes Geschenk.

Ein Ring ist durch seine Gestalt ohne Anfang und Ende ein Symbol der Ewigkeit, der Verbindung und Treue. Zur Symbolik des Ringes gehört auch die Vorstellung von der magischen Kraft des Kreises, deshalb wird er auch als Amulett getragen. Die Edelmetalle, aus denen sie gearbeitet werden, haben Entsprechungen zu den Planeten. Eingearbeitete Kristalle und Edelsteine sind nicht nur schön, sondern auch nützlich. Sie stellen eine weitere Wert- und Symbolsteigerung dar.

Der Diamant wird als vollkommenes Kristall empfunden und versinnbildlicht Reinheit, Geistigkeit und Unwandelbarkeit. Der europäische Volksglaube schreibt dem Diamant zauberische Fähigkeiten zu: er soll heilen, entgiften und Gunst bei Frauen bewirken.

Der Achat gilt als Aphrodisiakum, lehrt die Liebe zum Körper, schützt die Fruchtbarkeit und bewirkt Menschenkenntnis. Der Citrin fördert Talente, hilft Gefühle und Zärtlichkeit zeigen und hat heilende Kräfte.

Ein Mondstein sensibilisiert weibliche Eigenschaften. Liebevolle Toleranz und inneren Frieden lehrt der Kunzit. Der Rubin hilft die verschiedenen Ebenen der Liebe in Einklang zu bringen.

Auch der Rosenquarz fördert die Liebesfähigkeit und Zärtlichkeit.

In Rom war der Smaragd Attribut der Venus und galt als wirksamer Talisman gegen bösen Zauber.

Die Griechen verehrten die Perle wegen ihrer Schönheit als Symbol der Liebe. Eine Perlenkette ist eine aus der Vielheit gewonnene Einheit und somit ein schönes Geschenk für eine Braut, die es jedoch der Aussage wegen, jede Perle sei eine Träne, nicht am Hochzeitstag tragen wird. Eine Kette stellt darüber hinaus Verbundenheit dar.

Gürtel haben in der Hochzeit einen tief verwurzelten Symbolgehalt. Durch seine Kreisform und Funktion steht der Gürtel für Kraft, Macht, Weihe und Treue. Bei Indern, Griechen und Römern gab es den Hochzeitsbrauch des Gürtellösens. Warum dann nicht auch einen Gürtel schenken? Leider wird es nicht möglich sein, den Gürtel der Venus zu beschaffen, der galt als unwiderstehlich zauberwirksam.

Dein Stu! – Knaller paller
Schnip-Schnap-Schnur
Schnepperl –
Snai –

*So unterschrieb Wolfgang Amadeus Mozart
einen Brief an seine Frau Constanze*

Ein schönes und persönliches Hochzeitsgeschenk zum Selbermachen ist parfümierte Tinte und Briefpapier. Die Herstellung ist sehr einfach. Besorgen Sie schönes Briefpapier, schneiden Sie dann ein 10 x 10 cm großes Löschpapier oder Stoff in vier gleiche Teile. Verteilen Sie vier bis sechs Tropfen des Lieblingsparfums der Braut oder des Bräutigams darauf. Legen Sie die vier Duftpapiere zwischen das Briefpapier, und verschließen Sie die Schachtel mindestens vierundzwanzig Stunden lang. Das Briefpapier wird danach einen feinen, zarten Duft erhalten.

Wählen Sie dann eine Flasche Tinte. Zwei Tropfen ätherisches Öl pro Milliliter Tinte reichen aus, der Tinte eine köstliche und persönliche Note zu geben. Sollte das junge Paar dann einmal räumlich getrennt sein, können sie sich einen dreidimensionalen Brief zukommen lassen – eine Kombination aus Wort, Gefühl und Erinnerung.

Der Wassermann
21. Januar bis 19. Februar

Das Sternzeichen Wassermann ist ein Luftzeichen. Die in diesem Zeichen Geborenen sind lebhaft und originell. Der Herrscher des Zeichens ist Uranus. Das macht Wassermänner für alles Geistige begabt und allem Neuen gegenüber aufgeschlossen. Sie sind meist idealistisch und verstehen es, eigene Ideen zu entwickeln. Wassermänner fallen oft durch künstlerische Begabung auf. Ihr Auftreten ist selbstsicher, sie sind elegant oder eigenwillig gekleidet. Wassermänner studieren die Menschen ihrer Umgebung und durchschauen ihre Partner oft genau. Erläutert der Wassermann seiner Partnerin die eigene Weltanschauung, wird sie schnell bemerken, daß sie voller Widersprüche steckt. Trotzdem wird sie sicher beeindruckt sein, vielleicht weniger vom Inhalt der Rede als von seiner Beredsamkeit.

Die Wassermann-Frau flirtet gern. Geht sie eine feste Bindung ein, hat sie oft sehr eigene Gesetze, denn sie hält viel von Idealen und wenig von bürgerlicher Konvention. Die luftigen Wassermänner sind dem Krebs, den Fischen und dem Stier zu unberechenbar, und auch der eifersüchtige Skorpion und der Widder haben Angst vor der Sprunghaftigkeit des Wassermanns. Mit den konservativen Steinböcken und Jungfrauen gibt's Streit ums Geld. Eher noch gelingt es dem großzügigen Löwen, sich mit dem Wassermann zusammenzuraufen. Besonders harmonisch ist es mit der Waage, dem Zwilling und dem Wassermann, und auch mit einem Schützen kann das Leben in vollen Zügen genossen werden.

Talismane für den Wassermann sind der hellblaue Fluorit, der Aquamarin, der Amazonit und der Türkis.

Die Fische 🐟
20. Februar bis 20. März

Das Sternzeichen Fische ist ein Wasserzeichen, und sein Herrscher ist der Wassergott Neptun. Die in diesem Zeichen Geborenen sind voller Phantasie und Empfänglichkeit. Sie sind gute Zuhörer und immer bereit, auf ihre Mitmen-

157

schen einzugehen. Viele Fische-Geborene sind sehr idealistisch veranlagt und von Sehnsucht durchdrungen. Die Kehrseite ihrer übergroßen Phantasie und Empfänglichkeit ist aber eine gewisse Labilität, und das macht die Fische zu etwas undurchschaubaren Liebhabern. Fische können sehr launisch sein, sind dann aber niemals bösartig, sondern eher melancholisch. Ihre schwankenden Stimmungen lassen sie schnell Geduld und Mut verlieren. Oft haben sie ein klares Bewußtsein von ihren Schwächen, aber zuwenig Disziplin, um an sich zu arbeiten. Den Schwierigkeiten gehen sie am liebsten aus dem Weg, und sind sie gezwungen zu reagieren, tun sie's mit Sanftmut. Fische-Geborene sind sinnlich. Sie lieben die Musik und die Romantik. Schwierigkeiten gibt es mit Wassermann, Zwilling und Jungfrau, denn Wassermann und Zwilling sind ebenfalls labil, und die Jungfrau hat Angst vor zuviel Emotion. Bei Stier und Steinbock kann sich der Fisch geborgen fühlen, und auch mit dem Löwen kommt er aus, wenn dieser ihm seine Traumwelt läßt. Die Impulsivität des Widders schreckt den Fisch, und mit dessen Offenheit kann er wenig anfangen. Eine fruchtbare Beziehung dagegen verspricht er dem Skorpion und dem Krebs, und auch Fische unter sich können sich zum Traumpaar verbinden, denn sie ziehen sich magisch an. Stark erotisch geprägt ist auch die Beziehung zum Schützen, der allerdings nicht zuviel flirten darf, und falls die Waage bereit ist, Verantwortung zu übernehmen, kann auch in einer solchen Verbindung sehr viel Leidenschaft und Glück entstehen.

Talismane für die Fische sind der blaue Mondstein, der Amethyst, der Kunzit und der Opal.

Ehen werden im Himmel
geschlossen

Ehen werden im Himmel geschlossen, das ist der Inhalt vieler Mythen und Erzählungen weltweit.

Aus China kommt die Geschichte von Yueh Lao Yeh, dem alten Mann im Mond, der die Ehen der Menschen stiftet, indem er die Füße der Zueinandergehörenden in ihrer Kindheit mit unsichtbaren Fäden zusammenbindet.

Wei Ku, ein junger Mann, der auf einer Wanderung Yueh Lao Yeh begegnet, bittet diesen, ihm zu verraten, was für eine Frau er einmal heiraten wird. Eines Tages, sagte Yueh Lao Yeh, wird Wei Ku eine Frau heiraten, die gerade in eine arme Familie hineingeboren worden ist, und er erzählt ihm von seinem Schwiegervater, einem altersschwachen Gemüsehändler. Wei Ku, der sich gewünscht hatte, eine reiche Frau zu heiraten, gerät in Wut und beginnt zu überlegen, wie er diese ihm hinderlich scheinende Hochzeit mit der Tochter eines armen altersschwachen Gemüsehändlers verhindern kann. Nach einiger Überlegung beauftragt er einen Banditen, das kleine Mädchen ausfindig zu machen und es zu töten.

Zwanzig Jahre später ist Wei Ku ein angesehener Mann geworden, und er beschließt zu heiraten.

Gemäß der Tradition wird ein Heiratsvermittler beauftragt, alles Nötige in die Wege zu leiten.

Wei Ku heiratet eine reiche Frau.

Aber in dem Moment, als er, wie es die Sitte verlangt, zum erstenmal den Brautschleier entfernt, um das Gesicht seiner Frau anzuschauen, erschrickt er, denn seine junge Frau hat eine Narbe auf der Stirn, die ihr schönes Gesicht entstellt. Als Wei Ku sie nach dieser Narbe fragt, erzählt sie ihm ihre Geschichte.

Sie erzählt, daß sie in einem armen Elternhaus aufgewachsen ist und daß eines Tages ein Fremder kam, um sie zu ermorden.

So erkannte Wei Ku, daß niemand die Gesetze von Yueh Lao Yeh durchbrechen kann.

Das Yin-und-Yang-Prinzip

Laotse schreibt: «Aus der Einheit entstand die Zweiheit, aus dieser die Dreiheit.» Die Grundidee jeder chinesischen Philosophie war das ewige Wechselspiel zwischen Yin und Yang. Yin steht für das Weibliche, Empfangende und Dunkle, für die Nacht und das lunare Prinzip. Yang dagegen versinnbildlicht das Männliche und Gebende, das Lichte, den Tag und das solare Prinzip. Aber das eine kann ohne das andere nicht sein. Der Mensch steht zwischen Himmel und Erde. Seine Aufgabe ist es, die Harmonie des Weltganzen zu fördern und zu erhalten. Er soll die inneren Zusammenhänge der Dinge erkennen und danach handeln.

Die Schöpfung folgt gewissen Gesetzen, die der Mensch erkennen und für sich und andere nutzen kann. Alles im Universum steht mit allem anderen in Verbindung. In vielen Völkern werden die Kinder nur nach genauer Überprüfung der Sternzeichen, der Herkunft, des Einkommens, der Schulbildung und des Aussehens verheiratet. Heirat «aus Liebe» ist ihnen fremd. Sie sind meist der Überzeugung, daß die Familie die richtige Entscheidung getroffen hat und daß die Liebe in der Ehe langsam wächst. Uns dagegen wird häufig vorgehalten: «Ihr redet schon vorher viel von Liebe, und nach der Heirat wird die Liebe dann immer weniger. Hochzeiten werden im Himmel geschlossen, und wer sind wir, daß wir dazu ja oder nein sagen wollten?»

Anima und Animus

Es gibt Paare, die wie füreinander geschaffen sind. Dafür hat es die unterschiedlichsten Erklärungsversuche gegeben. Platon zum

Beispiel sprach von einer ursprünglichen Einheit, die zweigeteilt als Männliches und Weibliches danach strebt, wieder zur Einheit zu werden. Oder nehmen wir die Lehre von der Wiedergeburt oder von Yueh Lao Yeh, dem alten Mann im Mond, der die Füße der späteren Paare mit unsichtbaren Fäden zusammenbindet. Die Religionen haben in Bildern und Gleichnissen von der vorbestimmten Vereinigung eines bestimmten Mannes mit der für ihn bestimmten Frau gesprochen.

C. G. Jung prägte die Begriffe Anima und Animus. Er sprach in diesem Zusammenhang von archetypischen verinnerlichten Bildern.

Die Anima ist das Bild der Frau, das der Mann in sich trägt. Es ist nicht das Bild einer bestimmten Frau, sondern das vom Persönlichen gereinigte, abstrakte Bild, die Summe der Erfahrungen, die der Mann und seine Ahnen mit dem Weiblichen gemacht haben.

Die Anima verkörpert darüber hinaus alles «Weibliche» im Mann. Sie ist zuständig für seine Stimmungen, Gefühle und Ahnungen und für seine Empfänglichkeit für alles Irrationale. Als Wächterin öffnet oder schließt sie die Tür zu seinem Unbewußten. Denn der Zugang zum Unbewußten, oder auch zum Göttlichen, ist weiblich, deshalb gab es in vielen alten Kulturvölkern hauptsächlich Priesterinnen, die die Verbindung zur Götterwelt herstellten.

Die individuelle Ausprägung der Anima im Mann hat viel mit dem Charakter seiner Mutter zu tun und seinem Verhältnis zu ihr. War seine Mutter launisch oder depressiv, löst die Anima im Mann Gefühle wie Unzufriedenheit und Reizbarkeit aus. Eine negativ besetzte Anima erzeugt Angst, zum Beispiel vor Krankheiten, Unfällen oder Impotenz.

Solche negativen Anima-Aspekte sind in den griechischen Rachegöttinnen, den Erinnyen, thematisiert. Auch die Sirenen, die Odysseus und seine Mannschaft an der Heimreise hindern wollten, und die männervernichtende Lorelei enthalten solche Aspekte.

In vielen Märchen gibt es das Motiv der falschen Braut, von der sich der Königssohn freimachen muß, um die richtige Braut zu finden. Übersetzt könnte das heißen, daß die falsche Braut eine negativ besetzte Anima ist, die dem Königssohn, dem Mann, die Sicht auf seine wirkliche Partnerin verstellt. Um wirklich liebesfähig zu werden, muß er sich von ihr befreien.

Übrigens stellt auch die Sphinx einen Aspekt im Kanon der negativen Anima-Aspekte dar. Sie gibt dem Helden Ödipus ein Rätsel auf, und als er es scheinbar richtig beantwortet, fingiert sie einen Selbstmord. Ödipus, im festen Glauben, die Sphinx überwunden zu haben, gerät nun in die Falle der Anima-Mutter-Verwicklung, der er hatte entkommen wollen.

Anima, das ist auch das zu Weibliche im Mann, das ihn daran hindert, erwachsen zu werden und sich aus seinem früheren Leben zu lösen. Es ist auch das Verführerische, das ihn auf einer niederen Ebene festhält, ihn nicht «nach Hause» kommen lassen will. Werden die negativen Elemente der Anima nach außen projiziert, dann treten sie dort als Dämoninnen und neidische Hexen auf, die das Glück der Menschen verhindern.

Soweit zu den negativen Aspekten der Anima, denn die positiven Aspekte sind auch nicht von der Hand zu weisen. Indem sie die Empfänglichkeit des Mannes für sein Unterbewußtes besetzt, kann die Anima für ihn zu einer inneren Stimme werden, die ihn zu den Ursprüngen seiner Kreativität und zu seinen Fähigkeiten führt. Die Anima ist dann eine Vermittlerin zwischen dem Ich und dem Selbst.

Aber was bedeutet die Rolle der Anima als Führerin nach innen? Ihre positive Funktion entwickelt sich dann, wenn der Mann anfängt, seine Gefühle und Phantasien ernst zu nehmen. Dann werden ihm durch seine Anima immer neue Inhalte offenbart, und sein Individuationsprozeß führt ihn Schritt für Schritt in seine eigene Wirklichkeit.

In Wolfram von Eschenbachs Parzival, einem Entwicklungs- und Einweihungsroman aus dem Mittelalter, irrt der Held Parzival durch das Tal des Zweifels, bis es ihm nach vielen Abenteuern gelingt, den Gral zu gewinnen und König zu werden, König seines Selbst. Die Trägerin des Grals heißt Conduiramour, was man mit «Führerin in die Liebe» übersetzen könnte.

Ein mittelalterlicher Text läßt die Anima sprechen: «Ich bin die Blume des Feldes und die Lilie in den Tälern; ich bin die Mutter der schönen Liebe, der Erkenntnis und heiligen Hoffnung... ganz schön bin ich und ohne Makel... Ich bin die Mittlerin zwischen den Elementen, die eines mit dem andern versöhnt; was warm ist, kühle ich ab; was trocken ist, mache ich feucht; was hart ist, weiche ich auf und umgekehrt... Ich bin das Gesetz im Priester und das Wort im Propheten und der Rat im Weisen. Ich kann töten und lebendig machen, und da ist niemand, der aus meiner Hand errette.»

In der Zeit, in der dieser Text geschrieben wurde, erlebten Phantasie, Religion und Dichtkunst einen großen Aufschwung. Es war die Zeit der Ritter und der Minne. Die Dame, der der Ritter seine Dienste weihte, war natürlich niemand anderes als die personifizierte Anima in ihrem positiven Aspekt.

Es gibt vier verschiedene Stufen oder Stadien, in denen sich solche positiven Anima-Aspekte verkörpern. Das ist zum einen Eva. Sie verkörpert die Anima auf der ersten, rein biologischen Stufe. Ein Beispiel für eine Anima-Verkörperung der zweiten Stufe ist die griechische Helena, denn bei ihr verbinden sich romantische und ästhetische Inhalte mit erotischen. Die Jungfrau Maria ist die Verkörperung der Anima auf der nächsthöheren Stufe, und die Sulamith des Hohenliedes verkörpert das höchste Stadium, die vierte Stufe.

Anima-Verkörperungen in anderen Kulturen sind die indische Schakti, die chinesische Mondfee Kuan-Yin und bei den Moslems Fatima, die Tochter Mohammeds.

Wie die Anima des Mannes so hat auch der Animus, der innere Mann in der Frau, positive und negative Seiten. Der Animus äußerst sich aber weniger als erotische Phantasie. Er macht sich bemerkbar als innere Stimme, die die Gestalt einer «heiligen Überzeugung» angenommen hat.

Der negativ besetzte Animus suggeriert der Frau ein Weltbild, in dem es nur ein Entweder-Oder der unerfreulichen Möglichkeiten gibt. Sein Tenor ist, daß jedes Bemühen um Liebe und Verständnis von vorne herein zum Scheitern verurteilt ist.

So wie die Anima des Mannes durch seine Mutter geprägt wurde, so auch der Animus der Frau durch ihren Vater. Im negativen Fall erhält er die spezielle Färbung der Aussichtslosigkeit und der undiskutierbaren Ansichten, die mit der Wirklichkeit oft nichts zu tun haben. Das ist der tödliche Aspekt des Animus, der die Frau am Leben hindert. Er hält die Frau von allen wirklich lebendigen Beziehungen ab und verwickelt sie statt dessen in ein Netz aus unrealistischen Wünschen und Urteilen. Auch die Selbstunsicherheit ist oft das Werk eines negativ besetzten Animus.

Aber der innere Mann der Frau hat auch positive Aspekte. Viele Märchen erzählen vom Königssohn, der durch eine Verwünschung in ein Tier verwandelt wurde und der nur von einer Frau, die ihn liebt, erlöst werden kann. Das ist eine symbolische Darstellung des Animus.

In diesen Märchen darf die Heldin ihren geheimnisvollen Liebhaber nur im Dunkeln treffen, und sie darf ihm keine Fragen stellen. Nur durch Geduld und blindes Vertrauen soll sie ihn erlösen. Aber es gelingt ihr nie. Sie ist immer zu neugierig, oder sie wird durch ihre Mutter oder ihre Schwestern verführt, das Verbot zu brechen. Daraufhin muß sie meist sieben Jahre herumirren und ihn suchen. Oder sie ist eingeschlossen, und es bleibt ihr nichts anderes übrig, als auf einen Erlöser zu warten. Dämon und Erlöser sind übrigens die zwei Aspekte der gleichen inneren Macht.

Auch im wirklichen Leben verlangt die Bewußtmachung des Animus von der Frau viel Zeit. Wenn es ihr aber gelingt, sich von der Besessenheit durch den Animus zu befreien, verwandelt er sich in einen Helfer, der ihr männliche Eigenschaften wie Mut, Klarheit und Entscheidungskraft verleiht.

Auch der Animus verkörpert sich auf vier verschiedenen Stufen. Auf der untersten Ebene ist er der Sportheld, die personifizierte physische Kraft. Auf der zweiten Stufe kommen zur physischen Kraft Initiative, Mut und Tatkraft hinzu. Auf der dritten Stufe herrscht der Animus durch das Wort.

C. G. Jung schreibt dazu:

«Nicht jeder Mann von wirklichem Geist kann Animus sein, denn er muß weniger gute Ideen als vielmehr gute Worte haben, bedeutungsschwere Worte, in die man noch viel Unausgesprochenes hineindeuten kann. Er muß auch etwas unverstanden sein, oder wenigstens in irgendeiner Weise im Gegensatz zu seiner Umwelt stehen, damit die Idee der Aufopferung mit hineinkommen kann. Er muß ein zweideutiger Heros sein, einer mit Möglichkeiten, wobei es keineswegs sicher ist, daß eine Animusprojektion nicht schon öfters einen wirklichen Helden viel früher herausgefunden hat als der langsame Verstand des sogenannten intelligenten Durchschnitts-Menschen.»

Auf der vierten Ebene wird der Animus zum Vermittler zwischen dem Ich und dem Selbst und gewährt den Zugang zu schöpferischen und religiösen Kräften. Er kompensiert dann die Weichheit der Frau durch Festigkeit und Willensstärke und bewirkt in ihr den Mut, Anschluß an den Zeitgeist zu finden und neue Ideen zu entwickeln. Oft haben in der Geschichte die Frauen den Wert neuer geistiger Inhalte und Haltungen früher erkannt als die gefühlsmäßig eher konservativen Männer.

Der innere Mann in der Seele der Frau kann, wenn er sich projiziert, zu Schwierigkeiten in der Ehe führen. Besonders fatal wird es, wenn Anima und Animus sich gegenseitig provozieren, denn dadurch sinkt jede Auseinandersetzung auf ein niedriges Niveau herab, was jedem, der einmal Zeuge eines Ehestreits geworden ist, bekannt sein dürfte.

Aber wie erwähnt kann der Animus der Frau zu Mut, Unternehmungsgeist und Klarheit verhelfen, dies jedoch nur, wenn sie vorher die Objektivität aufbringt, ihre eigenen «heiligen Überzeugungen» in Frage zu stellen und auch die zu ihrem Weltbild scheinbar nicht passenden Bilder aus ihren Träumen wahrzunehmen. Dann kann das Selbst als eine innerseelische Erfahrung des Göttlichen zu ihr durchdringen und ihrem Leben Sinn verleihen.

Das Festmahl

Für eine große Hochzeitsgesellschaft das Menü und die Getränke auszuwählen erfordert planerische Fähigkeiten. Für die richtige Speisefolge muß vieles beachtet werden. Diäten oder religionsbedingte Essensverbote der Gäste sollten berücksichtigt, Vegetarier respektiert, und auch für alkoholfreie Getränke sollte gesorgt werden.

Die Frage der Sitzordnung der Gäste spielt eine wichtige Rolle. Meistens treffen mehrere Generationen und mindestens zwei Familien und Freundeskreise aufeinander. Wer versteht sich mit wem so gut, daß während des Speisens eine angeregte Unterhaltung entstehen kann. Und nicht zuletzt: Gemietete Räume und ihre dekorative Gestaltung entsprechen oft nicht ganz unserem Geschmack und den Anforderungen, um dem Anlaß gerecht zu werden.

Blumensträuße sind das Sinnbild der Einheit in der Vielfalt. Vielleicht können Sie eine Freundin bitten, den Raum mit Blumen zu schmücken. Rosen sind ihrer Schönheit und ihres Duftes wegen reich an symbolischer Bedeutung. Sie sind Aphrodite geweiht und bedeuten Liebe, Verehrung und Fruchtbarkeit.

Orchideen galten im Altertum als Aphrodisiakum und haben Eingang in den Liebeszauber gefunden. Bei griechischen Hochzeiten symbolisieren Efeuranken Treue. Die weißblühende Myrte ist der Aphrodite heilig, mit ihren Zweigen wurden Bräute bekränzt. Auch alle blühenden Zweige sind ein Ausdruck von Glück.

Beim Schmücken des Festsaals können Sie auch an die Bedeutung von Apfel, Granatapfel und Quitte denken. Sie alle sind Liebes- und Hochzeitssymbole.

Verleihen Sie dem Raum auch ein festliches Aroma! Eine entspannende, sinnliche und berauschende Wirkung hat die folgende Mischung ätherischer Öle:

2 Tropfen Narzisse
2 Tropfen Jonquille
2 Tropfen Grapefruit
2 Tropfen Zitrone

Und vergessen Sie nicht, die Beleuchtung in Augenschein zu nehmen! Ein schönes Licht beeinflußt die Atmosphäre.

Wir wollen an dieser Stelle keine Menüvorschläge machen. Es gibt jedoch ein paar über 100 Jahre alte Rezepte, die eine Erwähnung verdienen.

Krustierte Rinderbrust (1892)

Nachdem man ein großes schönes Bruststück in siedendes Wasser mit Salz, Wurzelwerk, Zwiebeln und Kräuter gethan und unter mehrmaligem Umwenden drei Stunden darin gekocht hat, nimmt man das Fleisch heraus, legt es in eine flache Pfanne, übergießt es mit Butter, bestreicht die Oberseite mit geschlagenem Ei und überstreut sie mit einem Teil einer Mischung von 200 Gramm geriebener Semmel, 70 Gramm geriebenem Parmesankäse, 2 bis 3 feingehackten, in Butter geschwitzten Schalotten, etwas gehackter Petersilie, ganz wenig Thymian und Majoran, einer Prise weißem Pfeffer und einer Prise geriebener Muskatnuß. Dann quirlt man vier Eier mit wenig zerlassener Butter, Salz und einem Löffel Rahm zusammen, beträufelt die im Ofen hochgestellte Rinderbrust damit, streut wieder einen Löffel der Mischung darüber, läßt sie bei guter

Oberhitze anbraten und fährt damit fort, bis man die Kräutermischung verbraucht hat, welche eine hellbraune Kruste über das Fleisch bilden muß, die man zuletzt noch mit einem Löffel zerlassener Butter begießt. Man zieht nun soweit als möglich behutsam die Knochen heraus, verziert die Schüssel mit Petersilie und gibt die krustierte Brust mit der Jus auf.

Erröthetes Mädchen
(Familienrezept um 1885)

Für eine Cremeschüssel nehme man 1 Liter Milch, eine halbe Stange Vanille, lasse es kochen. Wenn es gekocht hat, werden 5 Eigelb hinzugethan, 2 Eßlöffel Kartoffelmehl, 3 Eßlöffel Zucker. Dann muß man es gut verrühren und erkalten lassen. In die Schüssel gibt man 1 Lage Preiselbeeren, dann 1 Lage Creme, dann wieder Preiselbeeren und so fort. Als oberste Lage wieder Creme.

Champagner-Creme (1891)

Wenn man 4 Eidotter und 2 Eier tüchtig gequirrlt hat, gibt man 125 Gramm fein gesiebten Zucker und ½ Liter Champagner dazu und rührt das Ganze auf einem gelinden Feuer zu einer steifen Creme. Dann ziehe man die Masse zurück, füge noch den Schnee der 4 Eiweiß darunter und ziehe 20 Gramm aufgelöste Gelatine durch. Ist diese Creme langsam abgekühlt, füllt man sie in Gläser und läßt sie auf Eis erstarren. Man kann sie auch in eine Form füllen und, wenn erstarrt, stürzen und mit Makronen garnieren.

Mandelcreme-Torte (1892)

Bestreiche ein Reifblech mit Butter und lege dieses mit gutem Butterteig aus und streiche die vorher schon bereitete Mandelcreme auf. Nämlich: Es werden 200 Gramm abgezogene Mandeln mit Eiweiß in einem Mörser feingestoßen, welche mit eben so viel gestoßenem Zucker, dem abgeriebenen Gelben einer Zitrone und fünf ganzen Eiern gut verrührt und zuletzt noch 140 Gramm zerlassene frische Butter darunter gerührt wird. Diese Mandelmasse wird dünn über den Teig, jedoch bis fingerdick vom Rand glatt aufgestrichen, der Rand mit Ei bestrichen und ein Deckel von Butterteig darüber gelegt, welchen man am Rand gut andrückt. In diesen Deckel werden nun mit einem feinen Messerchen schöne Zierrathen eingeschnitten, so, daß der Teig nur halb durchgeschnitten wird, dann mit Ei bestrichen und ½ Stunde in einem mäßig heißen Ofen gebacken, hierauf mit Zucker bestäubt, nochmals kurze Zeit in den Ofen gestellt, bis der Zucker geschmolzen ist, und die Torte lauwarm zu Tische gegeben.
Die Mandeln können auch gemahlen und mit Eiweiß, Zucker und Zitronat vermischt werden.
Reifblech = Springform.

Die Hochzeitstage

Man sollte keinen Anlaß zum Feiern ungenutzt lassen. Mit einem guten Essen und gemeinsam mit Freunden aus der Wiederkehr des Hochzeitstages ein Fest zu machen kann der Liebe frischen Wind geben. Und wir sehen, daß dem Anlaß von Mal zu Mal eine Wertsteigerung zukommt:

Baumwollene oder Papierne Hochzeit nach einem Jahr

Hölzerne Hochzeit nach 5 Jahren

Zinnerne Hochzeit nach 6 ½ Jahren

Kupferne Hochzeit nach 7 Jahren

Blecherne Hochzeit nach 8 Jahren

Bronzene oder Rosenhochzeit nach 10 Jahren

Nickel- oder Petersilienhochzeit nach 12 ½ Jahren

Gläserne oder Veilchenhochzeit nach 15 Jahren

Porzellanhochzeit nach 20 Jahren

Silberhochzeit nach 25 Jahren

Perlenhochzeit nach 30 Jahren

Leinwandhochzeit nach 35 Jahren

Aluminiumhochzeit nach 37 ½ Jahren

Rubinhochzeit nach 40 Jahren

Platinhochzeit nach 45 Jahren

Goldene Hochzeit nach 50 Jahren

Diamantene Hochzeit nach 60 Jahren

Eiserne Hochzeit nach 65 Jahren

Steinerne Hochzeit nach 67 ½ Jahren

Gnadenhochzeit nach 70 Jahren

Kronjuwelenhochzeit nach 75 Jahren

Weitere Literatur

Ariès, Philippe und Duby, Georges (Hg.): Geschichte des privaten Lebens, Band 2 und 3

Camporesi, Piero: Geheimnisse der Venus. Aphrodisiaka vergangener Zeiten

Deneke, Bernward: Hochzeit

Dinzelbacher, P. (Hg.): Europäische Mentalitätsgeschichte

Greene, Liz: Kosmos und Seele

Greene, Liz: Sag mir Dein Sternzeichen…

Gundel, Hans Georg: Weltbild und Astrologie in den griechischen Zauberpapyri

Howard, Michael: Incense and Cancle Burning

Jung, C. G.: Der Mensch und seine Symbole

Jung, C. G.: Die Ehe als psychologische Beziehung, aus: Das Ehe-Buch, herausgegeben von Graf Hermann Keyserling

Knuf, Astrid und Joachim: Amulette und Talismane. Symbole des magischen Alltags

Leviton, Richard: Wedding by Design

Prónay, Alexander von: Die große Partnerschafts-Analyse

Schott, Clausdieter: Trauung und Jawort, Wandel einer Form

Sommer, Volker: Feste, Mythen, Rituale

Türstig, Hans-Georg: Jyotisa – Das System der indischen Astrologie

Vardiman, E. E.: Die Frau in der Antike

Vries, S. Ph. de: Jüdische Riten und Symbole

Worwood, Valerie Ann: Liebesdüfte – Die Sinnlichkeit ätherischer Öle

Zollinger, Gustav: Das Yang- und Yin-Prinzip außerhalb des Chinesischen

Die Braut – Geliebt, verkauft, getauscht, geraubt – Zur Rolle der Frau im Kulturvergleich (Katalog). Führer zur Ausstellung des Rautenstrauch-Joest-Museums für Völkerkunde in der Josef-Haubrich-Kunsthalle Köln

Liebe und Hochzeit – Aspekte des Volkslebens in Europa (Katalog). Unter der Hohen Schirmherrschaft Seiner Majestät König Baudouin Antwerpen 1975

Alle Kochrezepte sind aus:
Metzler, Fred und Oster, Klaus: Aal blau und Erröhetes Mädchen